AF474786

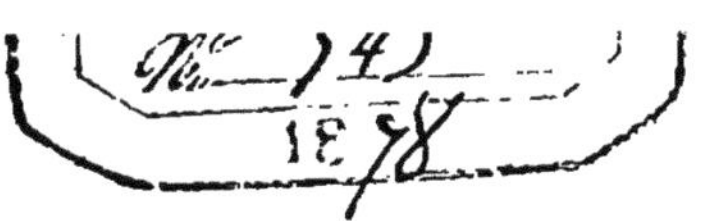

LES PRUSSIENS

DANS LE CAMBRESIS

1870 — 1871.

LES PRUSSIENS

DANS LE CAMBRESIS

1870 — 1871.

LEURS ACTES — MENACE DE BOMBARDEMENT

MANIFESTATIONS RELIGIEUSES — DOCUMENTS OFFICIELS.

NOTES & SOUVENIRS

RECUEILLIS PAR

L'Abbé VASSART.

CAMBRAI

IMPRIMERIE SIMON, J. RENAUT, SUCC^{r}, RUE St-MARTIN, 18.

—

1878.

PROLOGUE

La guerre contre l'Allemagne avait été officiellement annoncée au Corps législatif, le 15 juillet 1870. Le 19 elle était proclamée par toute la France; et le même jour à une heure et demie, M. le Sourd, notre chargé d'affaires à Berlin, remettait au gouvernement du roi Guillaume, la déclaration de la plus funeste des entreprises accomplies, pour le malheur de la France, par le gouvernement de Napoléon III.

L'Empereur prenant prétexte de ce que le roi de Prusse voulait mettre un prince de sa maison sur le trône vacant d'Espagne, et comptant sur le succès de ses armes, espérait raffermir alors par le prestige d'une victoire qu'il croyait certaine, l'édifice de son empire croulant.

Le bruit du canon retentit bientôt; et se rapprochant sans cesse de notre région, six mois plus tard il résonnait sous nos murs : les Prussiens avaient envahi le Cambresis.

Il est regrettable qu'à Cambrai l'on n'ait point songé depuis, à recueillir d'une manière officielle, pour le publier ensuite, le détail de tous les faits qui se rapportent à cette navrante époque : les vexations, les vols, les réquisitions de toutes sortes, les contributions, en un mot tous les méfaits accomplis par nos rapaces ennemis dans notre arrondissement. C'eût été une œuvre tristement précieuse et d'un utile enseignement historique.

Sans prétendre, pour notre part, combler cette lacune, nous avons rassemblé tous les souvenirs de cette nature que nous avons pu retrouver dans notre mémoire et dans celle de nombreux témoins de nos malheurs. Nous aidant de documents authentiques, militaires ou administratifs, nous avons coordonné tous ces renseignements, nous bornant le plus souvent possible à les transcrire dans leur simplicité, tels qu'ils nous avaient été transmis.

Nous passerons donc en revue les « faits et gestes » — c'est à dire les avanies, les déprédations et les rapines — des Prussiens dans nos campagnes, leur menace de bombardement contre la ville; nous parlerons des prisonniers, des ambulances, etc., etc. Nous terminerons en rappelant la confiance de tous nos habitants dans la protection divine, les manifestations religieuses qui en furent la conséquence, les actions de grâce qui suivirent notre délivrance, toutes choses qui font désormais partie de notre histoire et dont le récit sera en même temps que nôtre, celui de tous ceux qui nous auront aidé dans notre humble entreprise.

I

Bataille de Saint-Quentin. — Retraite des Français. — Invasion du Cambresis par les Prussiens. — Rapines. Réquisitions. — Vexations. — Contributions. — Destruction des télégraphes et des ponts.

Les mardi, mercredi et jeudi 17, 18 et 19 janvier 1871, on s'était battu dans les environs de Saint-Quentin. Les Français après avoir tué à l'ennemi 5,000 hommes, disent des rapports qui paraissent véridiques, et n'en avoir perdu que 3,000 et 6,000 prisonniers (les Allemands disent 7,000) s'étaient vus forcés, par le nombre toujours croissant de leurs adversaires, de battre en retraite. Selon certaines appréciations qu'il faut croire erronées cette retraite aurait été une déroute, en dépit de l'appréciation du général Faidherbe commandant en chef de l'armée du Nord, mieux placé que tout autre pour donner à ce mouvement sa véritable dénomination (1). Nos soldats durent se replier sur Cambrai, dans la nuit du 19

(1) Voir aux pièces justificatives, A.

au 20. Les Prussiens les suivaient ; ils envahirent alors le Cambresis se répandant dans les cantons de Clary, de Carnières, de Marcoing et poussant jusqu'aux villages de Vendegies-au-Bois, de Villers-en-Cauchies, de Rieux et d'Iwuy.

Ils marchaient toujours précédés de leurs uhlans en éclaireurs. Ces derniers, étaient guidés par un de ceux d'entre eux qui, avant la guerre, avaient habité le pays où, sous le couvert d'un négoce ou d'une industrie, ces espions avaient pu recueillir nombre de renseignements utiles à la marche et aux succès de l'armée dont ils faisaient partie (1).

Les troupes plus ou moins nombreuses qui

(1) Le 10 décembre, quatre uhlans venant de Saint-Quentin, après avoir traversé Villers-Outréaux, Malincourt, Walincourt, Caullery, Maretz, etc., sans avoir été inquiétés, se présentaient à Clary. Or l'un de ces soldats parcourait quelques semaines auparavant ces mêmes villages, comme marchand de bois résidant à Cambrai.

Vers la même époque, sur la route de Cambrai à Solesmes, à la hauteur d'Avesnes-lez-Aubert, un autre uhlan appelant une femme de cette commune par son nom, lui rappelait qu'il était le colporteur à qui elle devait une certaine somme pour du drap qu'il lui avait vendu.

Parmi les uhlans qui burent le champagne au château de M. Crépin, à Proville, était un de ses anciens domestiques.

A Marcoing, les uhlans encore étaient guidés par un ancien épicier du village.

On pourrait multiplier à l'infini les citations de ce genre.

suivaient ces éclaireurs commettaient partout sur leur passage dans le Cambresis, comme elles l'avaient fait ailleurs, les déprédations et les rapines qui les ont rendues si tristement célèbres, enlevant pour leur usage ou leur consommation tous les animaux domestiques, le blé, les vivres de toutes sortes, les boissons et le tabac ; et pour leurs chevaux la paille, le foin et l'avoine. Elles allèrent dans certaines localités jusqu'à s'emparer des literies, du linge, des chaussures et des vêtements de toute taille et de tout sexe. De plus, non contents d'obtenir ce qu'ils demandaient, les Prussiens exigeaient encore qu'on leur conduisît au lieu qu'ils désignaient. Leur rapacité n'avait point de bornes, dans une seule maison de Beauvois, ils ont enlevé en tabac, pipes, épiceries, coutellerie et vêtements pour une valeur de 1,300 francs. Une caisse expédiée par eux en Allemagne et saisie par les Français fut ouverte, on y trouva un amas étrange de : montres, couverts d'argent, porcelaines, foulards neufs, gravures, livres, bretelles, etc.. etc. (1), produit de vols commis dans des maisons

(1) Après la bataille de Sarrebruck gagnée par les Français, quelques-uns de nos soldats s'étant rendus coupables de vol envers les

particulières. Une chose pour laquelle les ennemis se montraient surtout exigeants, c'était le vin. Eux-mêmes descendaient dans les caves où ils s'emparaient de toutes les bouteilles dont ils goûtaient jusqu'à complète ivresse. Leurs exploits en ce genre sont incalculables ; il n'est point de château, de presbytère, d'habitation aisée qui n'ait été le théâtre d'orgies plus ou moins dégoûtantes.

Les vexations que les Prussiens exercèrent contre les personnes ne furent ni moins révoltantes ni moins nombreuses : à Demicourt, hameau dépendant en même temps des communes de Boursies (Nord), et de Grand Hermies (Pas-de-Calais), une centaine de leurs cavaliers firent irruption dans la ferme de M. Deleau ; et tandis qu'ils donnaient pour litière à leurs

habitants, furent attachés à des arbres et fusillés par ordre du général Frossard.

Pareille exécution avait eu lieu en Crimée pour vols de haricots dans le jardin d'un paysan russe.

Un ordre du jour de Manteuffel, daté de Rouen le 8 décembre 1870, dit : « Chaque soldat aura deux paires de bas et les corps d'armées « autres que les 1er, 7e et 8e, peuvent s'en procurer par réquisition. »

« Les bas et les chemises de laine... resteront la propriété des « soldats. Le remplacement de ces objets ne devra avoir lieu que « par réquisition, et non au moyen d'envois d'Allemagne.

VON GŒBEN, à Amiens, le 10 janvier 1871. »

chevaux des gerbes de blé, les officiers entraient dans les lits, bottés, éperonnés et pleins de boue, laissant les maîtres de la maison passer la nuit sur une chaise.

Dans le même hameau ils forcent par trois fois, une autre fermière à revêtir les habits d'un de leurs soldats.

A Crévecœur, les Prussiens pillent le bureau du marchand de tabac, et quand le malheureux débitant ne peut plus en fournir à ses lâches visiteurs, ceux-ci le maltraitent et vont jusqu'à mettre ses jours en danger.

A Marcoing, pendant leur séjour, du 20 au 26 janvier, toute circulation est interdite et « M. le curé de Noyelles-sur-l'Escaut, s'étant « mis en route pour venir chez moi, — écrit « M. le doyen du canton — est arrêté et « reconduit, entouré de baïonnettes, à son « presbytère. »

A Ribécourt, chez le maire, M. Leriche (1), les Allemands se rendent coupables de faits tellement ignobles qu'on ne peut les raconter.

(1) Et non à Flesquières comme le rapporte par erreur l'*Almanach de Martin et Martine*, page 59.

Ils chantent et dansent au son d'un piano qu'ils accompagnent de leurs hurlements, et ils poussent tellement à bout la patience du propriétaire que celui-ci affolé prend la fuite à travers champs et meurt quelques mois après des suites de ses émotions.

Le clerc de la paroisse de Maurois, Alfred Blondiaux père de famille et coureur dans une fabrique de tissus, allait visiter ses ouvriers à Maretz, lorsque à mi-chemin près d'un petit bois, il se voit soudain entouré de quelques soldats prussiens, qui, sans lui adresser aucune question le forcent, à coups de plat de sabre, à marcher devant eux. Ils le mènent au Câtelet. puis à St-Quentin où il arrive le jour même, pour être, le lendemain, dirigé sur Magdebourg d'où il ne revint que le 18 avril, après une captivité des plus dures et des plus injustes.

Sur la route de Cambrai à Guise, à l'Atargette (1), hameau entre Wambaix et Séranvillers, un jeune homme d'environ 17 ans, Fénelon Banse, est requis par les Allemands pour peler des pommes de terre, et l'un d'eux pour le faire

(1) Lieu où l'on « s'atarge » (cabaret), du verbe atarger encore en usage dans le patois du pays.

aller plus vite lui assène quelques coups de plat de sabre. Bance pour s'en garantir lève le bras et du couteau qu'il tenait à la main blesse involontairement son agresseur. Les autres se jettent alors sur leur victime qu'ils entraînent à coups de crosse de fusil jusqu'au poste qu'ils avaient à Séranvillers et où ils l'emprisonnent. Ce ne fut que sur les prières adressées à quelques officiers logés à Wambaix, qu'on obtint que Bance fût relâché après qu'il eût passé en prison, vingt-quatre heures sans manger.

A Estournel, les Prussiens se présentent vers dix heures du soir, chez J.-B. Lasselin et le somment de leur servir de guide pour les conduire à Wambaix. Lasselin était malade au lit ; il se lève et s'évanouit. A son défaut un autre habitant, François Delvallée, débitant, est requis, et c'est après avoir vu les soldats s'emparer de boissons préparées pour d'autres personnes, qu'il doit aussi quitter le lit où il se reposait, pour guider les ennemis. En route pour activer sa marche ceux qu'il conduit le piquent de la pointe de leur lance ou de leur sabre.

Au milieu de ces communes soumises à toutes les exigences du vainqueur, Cattenières fut une exception relative : à deux chevaux et cinquante hectolitres d'avoine se bornèrent les réquisitions que ce village eut à supporter. L'officier prussien qui vint les ordonner, avec une vingtaine d'hommes, semblait de grande famille et témoignait beaucoup de bonté. Il convoqua par l'entremise du maire, les notables, et en les voyant longtemps hésiter sur la part afférente à chacun d'eux dans la réquisition d'avoine, et faire et refaire sans cesse la liste de répartition, il perdit patience et finit par leur donner deux heures pour s'exécuter, les traitant en sortant, de « stupides ! »

Cattenières n'eut point davantage à souffrir de l'invasion ; sept cents soldats allemands qui devaient y venir s'étant trompés de chemin arrivèrent à Haucourt. Les âmes pieuses attribuèrent cet heureux résultat à leur dévotion à la Vierge.

Il ne faudrait pas moins d'un volume pour raconter toutes les cruautés commises par nos ennemis dans le Cambresis. Disons en un mot qu'ils se sont montrés chez nous, tels qu'on les a vus partout ailleurs, en France, et plaçons ici — en transcrivant la narration qui nous en a été adressée par celui qui en fut le héros, M. le curé de Niergnies — un dernier épisode qui n'est pas croyons-nous sans intérêt.

« Je reprenais dit-il, de Rumilly, la route « de ma paroisse, lorsqu'à trois cents mètres « du village que je quittais, je fus arrêté par « deux factionnaires qui, vu mon insistance à « vouloir passer, me mirent en joue à bout « portant. Je revins donc chez le curé, occupé « militairement, puis j'allai chez le maire où se « trouvait le colonel commandant les Prussiens « cantonnés dans le village.

« Cet officier me déclara très-sèchement « que c'était une des nécessités de la guerre « et que je devenais prisonnier chez mon « confrère, à moins qu'allant trouver le « général en chef Von Gœben, alors à Masnières, « je n'eusse une passe pour rentrer chez moi.

« Je partis donc pour Masnières. Arrêté à « la ferme Barto où se trouvait une redoute, « je dus entrer dans une salle où plusieurs « officiers dormaient à terre. Là, suffoqué

« par la chaleur, je voulus aller dans la « cour : on m'accorda vingt pas sous les « fenêtres, et j'y dis mon bréviaire au milieu « de la cohue.

« Pendant ce temps une estafette envoyée « à cheval au général Von Gœben, lui demandait, « pour moi, audience, une demi-heure après son « départ elle m'apportait l'autorisation accordée.

« Je partis donc pour Masnières ; signalé « d'avance aux trois postes échelonnés sur « ma route, je passai sans difficulté. Masnières, « était occupé comme Rumilly ; je trouvai « le général se promenant devant son logement.

« Je lui dis qui j'étais, ce que je demandais. « Il prit sa carte, vérifia la position des « trois paroisses : Masnières, Rumilly et « Niergnies, et après avoir appris que j'étais venu « chez mon confrère pour un service religieux, « il me dit : Je vais vous donner une passe « à condition qu'aujourd'hui vous n'irez pas « plus loin que chez vous ; vous m'en « donnerez votre parole d'honneur.

« Comme je n'avais pas d'autre désir que « de rentrer chez moi ce jour là, vu qu'il

« était près de trois heures et demie et que « c'était un samedi, je lui donnai cette « assurance. Il m'introduisit alors dans son « bureau.

« Il me demanda mon nom.

« Je le lui dis.

« Vous êtes d'ancienne famille, reprit-il ?

« Je répondis affirmativement.

« Etes-vous légitimiste, demanda-t-il encore ?

« Je lui fis comprendre que c'était là une « affaire intime et que je ne répondais point.

« Là-dessus colère d'un ennemi vainqueur « auquel on résiste : Un prêtre devait être « humble, honnête, etc.

« Je lui répondis que je n'avais manqué « ni à l'humilité ni à l'honnêteté, que sa « question était.... je ne dis pas indiscrète « mais je le lui fis entendre.

« Comme il s'animait et que tout en ne « voulant pas céder à un Prussien, je ne « voulais pas non plus qu'il me gardât « prisonnier, je lui dis sans qu'il s'en doutât « une grosse injure ; voici mes paroles :

« Général, nous ne pouvons nous entendre,
« car nous ne parlons pas la même langue.
« Vous êtes Prussien et vous parlez prussien,
« je suis Français et je parle français. Que
« demandez-vous en me disant : Etes-vous
« légitimiste ? Chez nous cela signifie être
« partisan du roi Henri V, le comte de
« Chambord ; est-cela que vous demandez?

« Non, me dit-il.

« Alors, général que voulez-vous savoir
« par ces paroles ?

« Je vous demande ce que je vous ai
« demandé tout à l'heure... il n'y a que votre
« église qui fait de l'inquisition.

« J'ai répondu à ce que vous m'avez de-
« mandé, je ne puis donc rien vous dire
« de plus.

« Là-dessus il écrit sa passe en allemand ;
« je me la suis fait traduire, en voici la
« teneur : — Permis à M. de Kercadio, prêtre
« à Niergnies, d'y retourner aujourd'hui.

« Il allait mettre la date du 20 Janvier, je
« lui fis observer et heureusement que c'était
« le 21.

« Quand je partis, en me saluant il reprit
« encore en colère, qu'un prêtre devait être
« humble, etc.

« Je recommençai que je n'avais point
« manqué d'humilité, etc.

« Il insista sur la parole que je lui avais
« déjà donnée de ne pas aller plus loin que
« Niergnies, de ne pas dire ce que j'avais vu...

« — C'était facile, je n'avais rien vu... Me
« voilà en route.

« De Masnières jusqu'au sortir de Rumilly,
« point d'accident : j'étais venu signalé aux
« postes, je repassais avec une passe, on me
« saluait et tout était dit.

« A la sortie de Rumilly, un autre poste
« m'arrête, je montre ma passe. Le chef en la
« voyant me fait comprendre par signes, qu'elle
« manque du cachet réglementaire. en effet,
« il n'y en avait pas : on me laissa passer
« pourtant.

« A cinq cents mètres plus loin, je suis
« rencontré par deux uhlans à cheval et deux
« fantassins gris. L'un des uhlans me met le

« révolver au front... je lui montre tranquille-
« ment ma passe sur le dos de mon bréviaire ;
« il me fait signe de continuer ma route.

« Comme les fantassins se dirigeaient du « même côté que moi, je me place au milieu « des deux, et, sans dire une parole, je « chemine jusqu'à un cabaret isolé, où le « jour tombant, mes deux acolytes entrent... « Je prends alors à travers les champs, et par « le dégel et dans la boue jusqu'au-dessus des « genoux, j'arrive chez moi. »

— Les méfaits des Prussiens ne se bornaient point aux réquisitions en nature et aux sévices contre les personnes, il leur fallait en outre de l'argent ; pour en obtenir ils imposèrent une contribution de 25 francs par tête sur chaque canton (1) et pour qu'on l'acquittât, ils prirent des otages à Carnières, à Clary, au Câteau, à

(1) « M. le lieutenant général Von Barnekow, je prie votre Excel« lence de lever aujourd'hui et demain des contributions dans les « districts occupés par vos troupes. Je vous assigne les cantons de « Clary et du Câtelet, ainsi que ceux de Solesmes et de Carnières, « autant que la chose sera possible dans ces derniers. On peut prendre « pour règle 25 francs par tête, mais il ne sera pas toujours possible « d'obtenir un taux aussi élevé.

« Il faut envoyer en arrière et au besoin emporter tout ce que l'on « peut d'avoine. Il faut remplacer les chevaux que nous avons

Solesmes, à Maretz, à Naves. à Cagnoncles, à Villers-Guislain, à Bantouzelles, etc.

La contribution ainsi calculée s'élevait à 675,000 francs pour Carnières, qui ne pouvant fournir seul cette énorme imposition dut en conséquence livrer cinq otages désignés par le sort dans le conseil municipal. Ils furent emmenés à Amiens : c'étaient MM. Bricout-Ledieu. propriétaire : Lemahieu Nestor, négociant en liqueurs ; Roger fabricant de sucre ; Salet médecin et Denisard, vétérinaire.

Plus tard, le 30 février, M. le Doyen et M. Telliez, maire de Carnières, firent une démarche près de Von Gœben alors à Amiens, et lui représentèrent que le chef-lieu ne pouvait répondre pour les autres communes du canton. Le général comprenant qu'il aurait dû prendre des otages dans chacun des

« perdus et échanger ceux qui sont devenus impropres au service. Il « est utile d'emmener beaucoup de bêtes à cornes.

« Von Gœben, à Caudry, le 22 janvier 1871. »

« — Je fais remarquer de nouveau que la nourriture des hommes et « des chevaux doit être fournie en première ligne, par les communes « où ils sont cantonnés, surtout la viande, l'avoine et le pain. Lorsque « les habitants sont dans l'impossibilité absolue de fournir ces objets, « il faut obliger les communes à cuire le pain.

« Albert, prince de Prusse, à Maretz, 23 janvier 10 h. 1/2 du matin. »

villages imposés, consentit à n'exiger que la quote-part de Carnières et par suite à rendre ses otages contre 45,000 francs.

Le canton de Clary avait été taxé à 100,000 francs ; celui du Câteau à 900,000 francs. La commune de Boursies seule devait payer 18,000 francs ; celle de Mœuvres 21,250 francs ; Maretz 75,000 francs ; Anneux 125,000 francs ; Basuel 32,000 francs ; Naves 7,000 francs, etc.

De semblables impositions pesaient également, nous l'avons dit, sur Villers-Guislain, Gonnelieu, Bantouzelles, etc.

Des otages pris en plus ou moins grand nombre dans ces communes, plusieurs furent délivrés par l'entremise des curés. A Clary, MM. Bobœuf-Mallet, Bourlet-Claisse et Doublemart-Molinier emmenés le 24 janvier, furent rendus le Dimanche 28, sur la prière de M. l'abbé Coulmon, ancien doyen de ce canton, et de M. Décupère, qui allèrent les réclamer à Amiens, à Von Gœben.

Clary avait donné 8,000 francs pour sa part de l'impôt de 100,000 francs que devait fournir le canton. « On nous avait promis dit

« M. Coulmon, que cette somme suffirait,
« mais le lendemain, on exigeait que la somme
« de 800,000 francs d'abord demandée fût
« intégralement versée, ce qui fixait dès lors
« à environ 70,000 francs la part du chef-lieu.

« En partant pour Amiens nous avions, par
« mesure de précaution, pris 12,000 francs
« pour le cas où Von Gœben voudrait un
« nouvel acompte avant de relâcher les otages;
« mais il nous écouta avec la plus bienveil-
« lante attention et nous obtînmes l'élargisse-
« ment de nos concitoyens sans bourse
« délier. » — Nous nous faisons un devoir d'ajouter que les habitants de Clary témoignèrent à l'habile négociateur, leur reconnaissance d'un si beau succès.

D'après le récit même des otages, ils eurent à souffrir à Amiens, comme tous ceux qui y étaient détenus pour la même cause, le plus indigne traitement. C'est ce que répétait également un des otages de Carnières.

M. Mucherie, curé de Maretz, fit un semblable voyage. « Le jour même de leur arrivée
« chez nous, dit-il, les Prussiens nous imposèrent

« à 10,000 francs. Cette somme n'ayant pu
« être fournie pour l'heure par eux fixée,
« ils prirent comme otages MM. Taisne,
« Poële et Goffart, qu'ils conduisirent le
« lendemain à Saint-Quentin. La somme fut
« payée et ces Messieurs revinrent. Mais le
« jour suivant les ennemis exigèrent 75,000
« francs. Il fut répondu que la commune ne
« pouvait fournir cette somme. De nouveaux
« otages, MM. Direz Evariste et Louis Désiré,
« tous les deux industriels, furent internés
« dans la citadelle d'Amiens, le 27 janvier.

« Le 3 février, M. Goffart, maire, et moi,
« allions à Amiens pour solliciter Von Gœben
« qu'une indisposition empêcha de nous
« recevoir. On nous renvoya à l'état-major,
« d'où l'on nous envoya à la commendature
« pour retourner encore à l'état-major où il
« nous fut enfin permis de nous expliquer.
« Nous obtenions la libération de MM. Direz
« et Louis le lendemain dimanche 5 février,
« à la condition que si l'armistice n'était pas
« suivi de la paix, Maretz devrait payer
« encore de 8,000 à 10,000 francs, condition
« que nous avons dû écrire et signer. »

« Naves, dit l'instituteur de cette commune,
« M. Maillet, avait été imposé pour 2,000 francs
« en espèces, 3 chevaux, 3 vaches et 100
« hectolitres d'avoine, le tout d'une valeur
« de 7,000 francs. Deux otages avaient été
« pris en garantie : MM. Lemaire Gervais et
« Guidez Maximilien. Sur l'acquit de la
« contribution ils furent relaxés. »

« Le lundi 23 janvier, dit l'*Echo de la*
« *Frontière*, 200 Prussiens sont venus à Solesmes
« vers dix heures du matin pour faire des
« réquisitions. Ils sont partis vers trois heures
« et se sont dirigés du côté du Câteau en
« emmenant comme otages trois conseillers
« municipaux. On leur avait versé 12,000 francs,
« mais ils en demandaient 40,000, plus 20 vaches
« et 200 quintaux d'avoine. »

On réunit tous les maires des environs à
6 heures du soir. «.... Les Prussiens avaient
« demandé 200,000 francs pour tout le canton
« et Messieurs les maires ont eu enfin le
« triste courage de s'exécuter, — ajoute le
« même journal dans son n° du 28 — et de
« compter cette somme aux Prussiens. »

Le Câteau ne fut pas épargné : les Allemands à leurs rapines en masse joignaient volontiers les vols personnels, moins excusables encore et qui rendent leur conduite chez nous plus ignoble.

Sur la route de cette ville à Cambrai, ils exigèrent qu'un pauvre facteur rural qu'ils rencontrèrent, leur donnât ses gants de laine, et prirent les souliers d'un malheureux ouvrier qu'ils avaient forcé à leur servir de guide. Le même fait se reproduisit en maint endroit, à Caudry, au faubourg de Landrecies, etc.

Dans les environs du Câteau les Prussiens enlevèrent chez les habitants tous les jouets d'enfants qui leur tombèrent sous la main. Au Câteau même après avoir fait venir tous les chevaux du canton au nombre d'environ 2,000, ils en prirent vingt-trois des plus beaux. Ils demandèrent des salaisons qu'ils n'eurent pas le temps d'enlever, et exigèrent des chaussures pour toute la troupe. Le nombre s'en trouvant insuffisant ces soldats firent des perquisitions dans toutes les maisons et déchaussèrent de force les personnes qu'ils rencontrèrent, même dans les rues. Ils déshabillèrent ainsi complétement des hommes qu'ils laissèrent en caleçon.

Un pauvre tisseur qui allait reporter la pièce d'étoffe qu'il venait d'achever, se la vit enlever par les Prussiens qui la déchirèrent en morceaux pour s'en faire des cache-nez. Ils lui prirent aussi ses souliers.

Tous les débits de tabac furent envahis et complétement dévalisés. Celles des maisons qui se trouvaient alors inhabitées furent entièrement dévastées; tout y fut brisé.

Les Prussiens enlevèrent plus de 500 matelas, du Câteau. Dans les rues, des tombereaux s'arrêtaient devant chaque magasin d'épiceries pour y charger le sucre, le sel et le café qui s'y trouvaient.

Il en fut de même dans les cabarets : tout ce qui n'y était pas consommé sur place était enlevé.

En même temps on réquisitionnait dans la ville et dans les environs le foin, la paille et l'avoine que des chariots conduisaient vers Saint-Quentin. La même chose avait lieu pour les animaux domestiques. Un français infâme servait de guide à tous ces rapineurs dans leurs expéditions. Un commandant ennemi pour excuser tous ces brigandages les donnait comme une revanche de 1806.

Le premier régiment étranger qui vint s'installer au Câteau, était le 96e Saxon ; il y arriva le samedi 21 janvier au bruit des chants qu'accompagnaient deux fifres. Un berger que cette troupe avait rencontré la suivait, sur son ordre, avec ses moutons. Ce régiment était à peine en ville que deux officiers, le révolver au poing, se présentaient à la mairie pour y signifier qu'ils s'emparaient de la cité. Ils se faisaient livrer tous les fusils, qu'ils brisaient, et plus tard les habits de garde nationale, qu'ils brûlaient.

Le lundi 23, le 96e était remplacé par le 41e composé d'hommes du nord de la Prusse, qui tinrent une conduite détestable. Vers midi ils imposèrent le canton pour une somme de 850,000 francs ; ils le firent par une injonction adressée au maire dans les termes suivants :

« Par ordre du général en chef commandant « la première armée allemande, le général

« Von Gœben, le canton de la (sic) Câteau
« Cambresis est chargé d'une contribution de
« guerre en hauteur (sic) de 25 francs par
« tête d'habitant. »

« La somme est ainsi fixée à 850,000 francs
« payable en argent ou en nature.

« Comte de la Lippe général de division. »

Ce chiffre parut exhorbitant; voyant d'ailleurs que la sommation était pressante et ne souffrait aucune réplique, M. Truffot, maire, convoqua sur-le-champ pour 6 heures du soir, tous ses collègues du canton, lesquels après s'être mutuellement éclairés, reconnurent l'impossibilité de fournir intégralement une somme dépassant absolument les ressources de leurs communes. On entra donc en pourparler et l'on finit par obtenir la réduction de la contribution à 400,000 francs. Pour garantir le paiement de cette somme les Prussiens s'assurèrent des otages, MM. Seydoux et Chantreuil, qui furent mis en liberté aussitôt la contribution acquittée.

Les circonstances dans lesquelles cet acte fut commis ajoutent encore à son illégalité. En effet l'armistice avait été conclu dans la nuit du 23 au 24 et cependant la contribution était imposée dans les journées du 24 et du 25. Le télégraphe avait pourtant porté rapidement la nouvelle de la suspension des hostilités sur tous les points du territoire, et Von Gœben ne pouvait l'ignorer. Ce fut donc de sa part, un véritable vol, un brigandage exercé à main armée.

C'est alors que se présenta un parlementaire français, venant de Cambrai avec un trompette et un gendarme. Il fut conduit par un trompette saxon à l'hôtel de ville. Là le commandant prussien lui tendit la main, mais le français retira la sienne déclarant qu'il ne fraternisait pas avec l'ennemi. Puis il le somma de se retirer du Câteau avec ses troupes, au nom de l'armistice conclu entre la France et le roi de Prusse, la ville étant située hors des limites assignées à l'armée Allemande ; et il ajouta que cette transgression des conventions consenties et surtout les réquisitions que les Prussiens continuaient à faire dans le Câteau, étaient autant de contraventions qui allaient être dénoncées au roi Guillaume, si elles se continuaient.

Cette sommation ne produisit guère d'effet sur le cupide et injuste commandant qui ne quitta la ville que le lendemain jeudi 26, emportant les 400,000 francs.

Après le Câteau portons nos regards vers d'autres localités : deux uhlans se présentent à Saulzoir ; ils demandent 25 francs, comme toujours, par tête et se contentent enfin de 7 francs par individu soit 17,000 francs.

A Prémont deux otages sont rachetés par 7,000 francs.

A Villers-Guislain M. de Prémont, et M. Millet-Bricout à Bantouzelles, sont également rachetés.

Les Prussiens viennent à Elincourt le dimanche 22 janvier, au soir. Ils demandent 5,000 francs sous menace d'incendie, si la somme n'est pas fournie le lendemain matin à 8 heures. Le maire et les membres du conseil municipal vont la nuit de porte en porte, recueillir la contribution.

A Maurois dit M. le curé, les ennemis se contentent de 4,500 francs au lieu de 22,000 qu'ils avaient d'abord demandés. Cette contribution leur étant comptée sur-le-champ, ils ne prennent pas d'otages.

Honnechy paie de la même manière 7,000 à 8,000 francs, également sans qu'il soit question d'otages.

Nous reproduisons ci-dessous comme complément de tout ce que nous avons pu recueillir touchant les contributions de guerre imposées par les Prussiens, le tableau de répartition dressé pour le canton du Câteau, qui se trouve à la mairie de cette ville, en faisant remarquer que la capitation avait été arrêtée à 11 fr. 917.

Basuel	1,228	habitants	15,349	francs.
Beaumont . .	901	»	10,737	»
Saint-Benin .	708	»	8,437	»
Le Câteau . .	9,974	»	118,861	»
Câtillon . . .	2,696	»	32,129	»
Honnechy . .	1,418	»	16,899	»
Inchy	1,715	»	20,438	»
La Groise . .	1,084	»	12,918	»
Maurois . . .	900	»	10,726	»
Mazinghien .	1,243	»	14,813	»
	A reporter. .		261,307	»

	Report. .		261,307	»
Montay . . .	526	»	6,269	»
Neuvilly . . .	2,510	»	29,912	»
Ors	1,175	»	14,003	»
Pommereuil .	1,570	»	18,670	»
Reumont. . .	1,018	»	12,132	»
Saint-Souplet.	2,813	»	33,523	»
Troisvilles . .	2,026	»	24,144	»
	Total . .		399,960	francs.

Marcoing, contrairement à ce qu'en a dit alors un journal de Cambrai, qui fixait à 350,000 la contribution imposée selon lui à cette commune, n'eut rien à payer. « Les Prussiens, « dit M. le Doyen de ce village, n'ont exigé « de Marcoing aucune somme d'argent à cause « des charges déjà si lourdes qu'ils avaient « fait peser sur cette commune en l'occupant « constamment depuis le soir du 20 janvier, « jusqu'au matin du 26 du même mois, et « peut-être aussi à cause des ravages qu'ils y « avaient exercés dans la nuit du 31 décembre « 1870 au 1er janvier 1871.

« Je crois savoir — ajoute cet ecclésiastique — « qu'ils n'ont exigé non plus aucune contribution « d'argent de Masnières, Rumilly, Crèvecœur et

« Lesdain, aussi parce qu'ils avaient occupé
« ces communes. Seulement Masnières a été
« condamné à payer cinq à six mille francs
« parce qu'un éclaireur prussien (Max Abel), y
« avait été blessé.

Les Prussiens avaient partout pour habitude de couper les fils télégraphiques, de mettre les chemins de fer hors de service et de faire sauter les ponts, afin d'interrompre toute communication pour les Français. Ils agirent de même dans le Cambresis. C'est ainsi qu'ils détruisirent le pont qui passe à Marcoing (1er janvier 2 heures du matin); qu'ils endommagèrent à Masnières (31 décembre) celui qui franchit l'Escaut; tandis que le même jour, veille de la bataille de Bapaume, une colonne de 150 hommes détachée d'un corps qui se trouvait dans les environs de Masnières, après avoir traversé Haucourt, Fontaine, Beauvois, Bévillers et Rieux, arrivait à Iwuy où elle essayait de faire sauter l'une des arches du viaduc du chemin de fer, sur l'Erclin.

« La garnison de Bouchain — nous dit
« M. l'abbé Dehaisnes, curé d'Iwuy, —

« prévenue télégraphiquement par M. Clément,
« chef de gare de cette commune, de l'arrivée
« soudaine des uhlans, avant que ceux-ci
« n'aient eu le temps de rompre les fils
« du télégraphe, la garnison de Bouchain
« vint trop tard, les Prussiens ayant été
« prévenus de son arrivée par une de leurs
« vedettes. »

L'ennemi avait travaillé deux heures à miner ce pont qui ne fut que légèrement dégradé parce que la terre profondément gelée ne permit point aux Allemands de creuser une mine assez profonde pour y introduire en totalité les 300 sacs de poudre qu'ils comptaient y employer.

Les uhlans revinrent le dimanche 22 janvier, enlever entre Iwuy et Escaudœuvres, quelques rails au chemin de fer, vers midi, après la bataille de Saint-Quentin. Plusieurs de ces soldats postés sur la grand'route de Cambrai arrêtaient les voyageurs en leur annonçant qu'on allait « bombarder la ville à trois heures. » Lors de leur tentative contre le pont d'Iwuy ils avaient rompu le télégraphe allant sur Cambrai. L'interruption de la voie ferrée avait donc pour objet d'empêcher tout secours de parvenir jusqu'à la cité còndamnée à essuyer le feu de leur artillerie.

Dans la nuit du 21 au 22 janvier, les Prussiens faisaient encore sauter à Noyelles, le pont sur l'Escaut et à la dernière date, dimanche, vers le soir, un autre pont sur le chemin de fer entre Fontaine-au-Pire et Haucourt ; l'explosion retentit à plus d'une demi-lieue.

Le 25, ils démontaient le chemin de fer vis-à-vis de Niergnies et rompaient le fil du télégraphe de Busigny à Cambrai. A cette époque toutes les gares avaient été abandonnées jusqu'à Bouchain et même au-delà, jusqu'à Somain.

Tel est le récit bien incomplet des maux que nos populations eurent à endurer ; qu'est-ce auprès des malheurs qui affligèrent les parties de la France où se livrèrent les nombreuses batailles de cette terrible guerre !

II

Physionomie de Cambrai. — La ville. — Les habitants. — Les forces militaires. — L'armement. — Les prisons.

Esquissons maintenant en quelques mots la physionomie de Cambrai à cette époque au point de vue des habitants, des forces militaires, etc.

Les portes étaient fermées; une seule la porte Notre-Dame située au nord, s'ouvrait à de rares intervalles pour donner passage aux gens du dehors que leurs affaires appelaient forcément en ville. Les arbres des glacis avaient été sciés à un mètre du sol ; les haies de clôture des jardins sous le canon de la place, étaient détruites ; tout indiquait les préparatifs d'une défense sérieuse en prévision d'un bombardement regardé comme imminent.

Toutefois le calme régnait à l'intérieur ; dans les rues le silence avait remplacé par suite de la cessation du travail, l'animation ordinaire des temps de paix et de prospérité. Sur la grand'place des groupes d'ouvriers et de bourgeois attendaient avec anxiété la venue de dépêches invariablement désastreuses que chacun commentait à sa manière et qui étaient bientôt répandues par toute la cité. Les uns étaient pénétrés d'une crainte vive, les autres montraient une confiance inébranlable ou, soutenus par un sentiment religieux toujours respectable, invoquaient la patronne du Cambresis et avaient foi dans la protection divine.

On souhaitait que Cambrai eût été à même de délivrer les alentours de la présence des Prussiens ; on l'avait armé il est vrai dans l'attente des événements, mais point de manière à pouvoir résister à cette artillerie formidable qui avait ruiné Strasbourg, Mézières et tant d'autres villes bien mieux fortifiées que le chef-lieu du Cambresis.

D'abord, la garnison était insuffisante. Après la bataille de Saint-Quentin, Faidherbe, avec le général Fare et son état-major étaient entrés le 20 janvier à 2 heures du matin, dans Cambrai qu'ils avaient quitté le lendemain à deux heures de l'après-midi, hâtant leur retraite sur Lille (1). Il en avait été de même de la plupart des troupes qui les avaient suivis, ayant les Prussiens sur les talons ; elles n'avaient fait que traverser la ville. Les soldats qui y étaient restés étaient donc peu nombreux.

« La défense de la ville, dit M. Hocq, « officier de première classe aux écritures de « l'hôpital militaire, était soutenue en ce « moment par environ 1,500 à 1,800 hommes « de troupes actives, 2,000 à 2,500 mobiles « et mobilisés de la garde nationale bourgeoise, « armés de fusils à percussion.

(1) Le général Faidherbe a lui-même annoncé la défaite de son armée, encore ignorée à Cambrai ; c'est en pleurant qu'il a parlé de ce dernier espoir perdu pour la France avec la bataille de Saint-Quentin. Il prit ensuite quelque nourriture et un peu de repos à l'hotel de France, Place-au-Bois, et le lendemain à 2 heures il partit pour Lille par le chemin de fer. Sa fatigue était telle que les officiers de son état-major durent le porter dans le wagon.

C'est à ce moment que se passait en ville une scène déplorable : au milieu du tumulte causé par la venue de tous les soldats battant en retraite, un mobile laissa tomber brusquement son fusil chargé et la crosse en frappant le sol fit partir l'arme. La balle alla frapper une malheureuse servante âgée de 27 ans, au service de Madame Legay, et qui traversait la grand'place portant un jeune enfant dans ses bras. On la releva et un prêtre eut à peine le temps de lui donner l'absolution, qu'elle expira. Elle se nommait Estelle Caulier.

« Cetté garnison se composait :

« Du dépôt du 24e de ligne, faible partie du « 91e de ligne.

« De quelques artilleurs du 12e régiment.

« De quelques autres traînards de divers régi- « ments, placés en subsistance au 24e de ligne.

« Du régiment 102e des mobiles de l'Aisne, « et des 3e et 4e batteries du 3e régiment « d'artillerie mobile du Nord (Landrecies « Gravelines).

« D'un certain nombre de mobilisés de l'Aisne « (section de Vervins) et du Nord (section de « Dunkerque).

« Comme cavaliers il n'y avait que les « éclaireurs de Cambrai et quelques dragons, du « 7e régiment, provenant de l'escorte de « Faidherbe. »

L'armement de la place n'offrait pas de plus sérieuses garanties ; transcrivons également les renseignements qu'a bien voulu nous donner sur cette matière M. Hocq, encore.

« L'armement complet de la ville et de la « citadelle est de 180 canons. Les arsenaux de la « localité possédaient ce chiffre avant la guerre ;

« mais depuis il avait été envoyé une certaine « quantité de pièces, toutes rayées, et à longue « portée, pour le siége de Paris. Au moment « où l'on était sous la menace d'un bombar- « dement, il s'en trouvait encore dans la « citadelle 47, et sur les remparts de la ville 80; « en tout 127 ainsi réparties :

	Remparts	Citadelle
« Mortiers, fort calibre.	6	2
« Mortiers calibres ordinaires . . .	8	4
« Obusiers de 22	7	5
« Obusiers de 16	13	4
« Obusiers de 15 ancien modèle . .	3	
« Grosses pièces de marine à longue « portée	4	2
« Pièces de campagne de 4, rayées.		8
« Pièces rayées de 24 à longue « portée		1
« Pièces rayées de 12 à longue « portée	12	
« Pièces rayées de 12		10
« Pièces lisses de 16.	15	10
« Pièces lisses de 12.	6	1
« Pièces lisses de 8.	6	
	80	47

Entrons maintenant dans la prison militaire avec M. Quéva, gardien chef ; nous y recueillerons l'appréciation des prisonniers sur les événements qui s'accomplissaient, l'expression de leurs sentiments à l'égard de ceux au nom de qui la guerre se faisait, et l'indication du sort qui selon ces prisonniers était réservé à Cambrai, sorte de prédiction peu faite pour rassurer la population.

« Le 2 janvier — c'est M. Quéva qui parle —
« sont entrés à la maison d'arrêt civil, devenue
« en même temps prison militaire, deux soldats
« Saxons qui venaient d'être pris à Busigny. Ils
« étaient fatigués de la guerre et effrayés d'être
« entre nos mains parce que leurs chefs leur
« avaient fait croire qu'en France on faisait
« mourir tous les ennemis qui se laissaient
« prendre. Ils furent donc heureux de se voir
« traités avec humanité.

« Le 4, un Prussien de la garde royale, arrêté
« à Masnières nous fut encore amené. Il paraissait
« aussi fort affecté d'être en notre pouvoir et
« exprimait de vifs regrets de la perte de son
« cheval tué par des soldats du 24e, ce qui l'avait
« empêché de fuir. Comme les deux Saxons il

« craignait que les Français ne le fissent mourir, « sinon disait-il, dans trois jours je serai « délivré, car Cambrai s'il ne se rend pas, sera « réduit en cendres de même que toutes les « autres villes du Nord. Il demanda d'avoir son « lit séparé de celui des autres prisonniers ce qui « lui fut accordé.

« Puis viennent, le 6, deux autres soldats de « la garde royale. Ils semblaient avoir reçu « une certaine éducation et se montraient polis. « Eux aussi manifestaient un grand regret mais « c'était celui de ne pouvoir continuer la « guerre afin d'en finir plus vite. Et ils « ajoutaient : Peut-être cette nuit, ou demain « nous serons maîtres de la ville. — Ils n'en « avouaient pas moins, combien ils étaient « fatigués d'une lutte qu'ils ne croyaient pas « près de finir, Guillaume et Bismarck ne « devant, selon eux, y mettre un terme que « par la conquête de la France entière !

« Le 20 nous arrivent de dix à treize Prussiens « faits prisonniers à la bataille de Saint-Quentin ; « sales, déguenillés épuisés de fatigue. Dans « le bureau où ils sont d'abord introduits leur « premier regard se porte sur une carte des

« opérations militaires, qu'ils considèrent avec « attention. Plusieurs d'entre eux paraissaient « souffrir avec peine qu'on les visitât et qu'on « les fouillât, craignant qu'on ne leur prît « une médaille de la Vierge qu'ils portaient sur « la poitrine. Ils ne manquaient pas de supplier « qu'on leur rendît cet objet religieux et « semblaient heureux d'obtenir cette faveur.

« Plusieurs de ces hommes étaient mariés et « pères de famille, aussi que de caresses ils « faisaient à un petit enfant qui se trouvait là.

« Ils maudissaient la guerre, souhaitaient la « mort de Guillaume, de Bismarck et de Napoléon « laquelle disaient-ils devait seule y mettre fin. « Tous, un excepté, savaient lire et écrire. « Pendant leur séjour dans la maison d'arrêt, « la plus grande union régna entre eux, ils « étaient d'ailleurs dociles et tranquilles. Ils « écrivirent plusieurs fois à leurs parents leur « faisant connaître qu'ils étaient bien traités et « bien nourris, que les Français étaient humains « pour eux, ils engagaient leurs familles à « ne prendre aucune inquiétude, et exprimaient « l'espoir d'être bientôt délivrés. Il en est un « qui dans sa lettre à sa mère vieille et infirme

« l'exhortait à ne point se désoler, l'assurant
« que la médaille pieuse qu'elle lui avait
« donnée, le conserverait sain et sauf.

« Quand le canon grondait tous se préparaient
« au départ, ce bruit leur présageait une
« prochaine délivrance.

« Le 21 trois nouveaux Prussiens vinrent,
« en se joignant aux premiers, porter à vingt
« et un le nombre des prisonniers. Le désir
« de ces derniers arrivés était aussi de voir
« bien vite venir le jour de leur liberté
« qu'ils regardaient comme certaine. Tous
« partirent pour Lille le 2 février 1871, par
« ordre du général Séatelli. »

De ce récit nous tirerons cette conséquence incontestable : c'est que tous ces allemands, surtout ceux qui se trouvaient cantonnés vers Masnières, étaient dans l'attente du bombardement de Cambrai, attente qui ne pouvait être aussi persuasive de leur part sans se baser sur des motifs réels.

III

Max Abel. — Ses reconnaissances. — Sa blessure. — Ses lettres. — Son transport à Cambrai. — Max à l'hôpital. — Parlementaire. — Surveillance. — Paroles de Max. — La baronne de Crombrugghe. — Le père de Max. — Départ pour Berlin.

Un autre prisonnier, capturé à Masnières, par le bruit qui se fit autour de son nom, et par l'importance qu'on lui attribua, mérite dans notre récit un chapitre spécial. Il se nomme Max Abel (1), fils d'un des principaux banquiers de Berlin, filleul et proche parent disait-on de la reine de Prusse, Augusta, il aurait été selon quelques personnes, la cause de la préservation de Cambrai. Or, voici sur ce sujet la suite des faits tels qu'ils se sont passés.

Ce jeune homme était bien le fils unique de l'un des plus riches banquiers de la capitale de la Prusse. Ses parents très-connus à la cour

(1) Et non Marx comme on l'a écrit quelquefois par erreur.

y étaient en une certaine intimité avec le roi Guillaume, mais aucune parenté n'existait entre eux et la famille royale, malgré les rumeurs qui faisaient d'Abel le filleul de la reine.

Lorsque éclata la guerre Franco-Allemande, il était brigadier des Hussards de la Garde et n'avait que dix-neuf ans. Le 6 janvier 1871, après avoir poussé avec trois autres cavaliers prussiens, une reconnaissance jusqu'aux portes de Cambrai pour examiner les points les plus favorables à l'attaque projetée contre la ville, tous quatre en retournant à Masnières d'où ils étaient venus, entrèrent dans un cabaret au-delà du second pont de cette commune. Malgré la nuit, telle était leur audace qu'ils n'avaient pas craint de lier leurs chevaux à la porte de l'estaminet et de s'attabler à l'intérieur ; c'est là qu'ils furent pris. Laissons maintenant M. Noché, sous-lieutenant des éclaireurs cambresiens, nous raconter comment cette prise se fit.

« Le général Séatelli commandant la place « de Cambrai, attendait la colonne Isnard « qui figura plus tard à la bataille de « Saint-Quentin. Il envoya au devant d'elle,

« sur la route de Guise, un bataillon de
« mobilisés, et le sous-lieutenant Noché fut
« chargé d'éclairer la marche de cette troupe
« avec une dizaine de cavaliers, dragons et
« éclaireurs de la ville.

« La colonne Isnard ne vint pas ce jour
« là et les troupes envoyées à sa rencontre
« ne rentrèrent à Cambrai qu'après avoir
« poussé leur reconnaissance jusqu'auprès de
« Walincourt, à 14 kilomètres de la ville.

« Le sous-lieutenant Noché mit alors à
« exécution une idée qu'il avait eue la veille :
« il se détacha du bataillon et piqua, avec
« ses quelques hommes, jusque sur la route de
« Paris. Il voulait, après leur avoir ainsi coupé
« la retraite, capturer les quelques Prussiens
« qui tous les jours venaient si audacieusement
« visiter le pied des murailles de la place.

« Après avoir envoyé l'un de ses cavaliers
« prévenir le chef du bataillon qu'il ne
« rentrerait pas avec lui, Noché alla droit
« sur Bonavis avec ses camarades. Là il
« apprit que quatre hussards de la Garde
« prussienne n'avaient pas craint de s'arrêter

« dans un cabaret qu'il rencontrerait en
« marchant vers Cambrai.

« Il s'y rendit. Les chevaux des hussards
« attachés à la porte furent immédiatement
« saisis, et leurs cavaliers, dont l'un était
« venu regarder à la fenêtre de la maison les
« Français qui arrivaient, essayèrent de se
« défendre un moment. Voyant la porte
« barrée par le sous-lieutenant Noché, ils
« s'enfuirent dans la cour et y tentèrent la
« résistance. Mais lorsqu'ils virent leur brigadier
« Max Abel, grièvement blessé, ils cherchèrent
« à fuir et à se cacher. Un hussard fut trouvé
« blotti sous une brouette qu'il avait renversée
« sur lui. Un autre s'était réfugié dans un
« hangar. Le brigadier dont la poitrine avait
« été traversée par une balle fut relevé et
« confié aux soins du docteur de Masnières,
« M. Thobois, par le sous-lieutenant des
« éclaireurs. Les nombreuses recherches que
« ce dernier opéra dans le village avec ses
« hommes ne purent lui faire retrouver le
« quatrième Prussien ; et craignant alors qu'il ne
« fût allé prévenir les siens, il rentra à Cambrai
« avec deux prisonniers et les chevaux capturés.

« On a cru reconnaître la monture du « brigadier blessé, pour être un cheval d'Afrique « pris à Sedan à nos chasseurs. Ce soldat « faisait la guerre avec une selle anglaise ; « ses hommes avaient la leur bourrée de « rapines ; il s'y trouvait de tout : une pièce « de toile neuve, une fourrure de dame, des « rideaux de fenêtre, un couteau à découper, des « couverts et des flambeaux en ruolz, pris « probablement pour de l'argent pur, un pantalon « noir, un pantalon garance, un képi de « commandant, un galon d'or, des pantoufles, de « la passementerie pour rideaux, un gilet, des « objets d'étagère, etc. Cela est bon à noter « pour servir à l'histoire de la guerre de la « Prusse contre la France. Je crois qu'on y « aurait même trouvé la « pendule » tradition- « nelle n'était la difficulté de la transporter à « cheval. »

Tel est le récit que M. Noché a bien voulu nous transmettre lui-même — Il avait tenu à garder comme souvenir, le sabre de Max Abel, arme dont la lame porte certaines marques distinctives ; et le général Séatelli avait spontanément offert au sous-lieutenant les deux plus beaux des chevaux pris aux Prussiens. M. Noché après les avoir acceptés en fit cadeau à ses camarades.

Une autre version qui nous est fournie par Melle Lesage de Masnières, reprenant les choses d'un peu plus haut, nous permettra de compléter la précédente.

« Ce fut, — dit en substance la narratrice — le 27 décembre 1870, que les Prussiens se montrèrent pour la première fois dans les environs de Cambrai. Vers dix heures du matin une vingtaine de hussards de la Garde Royale de Berlin, s'avancèrent jusqu'à Masnières ; une quinzaine restèrent à l'entrée du village tandis que les autres allaient à la mairie où sur leur réquisition ils furent introduits dans le bureau télégraphique. L'un deux — c'était Max Abel — démonta le télégraphe dont il déposa les pièces dans un fumier voisin. Puis tous reprirent la route de Fins (Somme) où ils étaient cantonnés depuis quelque temps.

« Le lendemain mercredi vers 9 heures du matin, nouvelle invasion de 150 à 200 hommes cette fois. Les hussards firent publier que les détenteurs d'armes de toute espèce, devaient les leur remettre sous peine de voir incendier leurs maisons. Après cinq heures de station dans le village ces ennemis retournèrent à Fins.

« Ils revinrent de nouveau le jeudi 29 demander les journaux et les cartes departementales, puis s'avancèrent jusqu'au faubourg de Cambrai où ils échangèrent quelques coups de feu avec des mobiles qu'ils rencontrèrent.

« Le samedi 31 décembre, ce fut le tour des lanciers à nous venir visiter. Ils se promenèrent toute la journée dans la commune. Il en passa aussi d'autres, disait-on, qui devaient couper la ligne du chemin de fer de Busigny à Cambrai. Les premiers firent préparer à souper pour leurs camarades qui allaient arriver. Ils exigèrent cent bouteilles de vin, du pain, de la viande, etc. A cinq heures du soir on publia par leur ordre, qu'il fallait leur remettre cinquante lanternes, et vers onze heures, 800 fantassins arrivaient sans bruit pour miner le pont du Canal de Saint-Quentin, qu'ils faisaient sauter le lendemain 1er Janvier à six heures du matin.

« A partir de cette date les ennemis vinrent chaque jour à trois ou quatre, en reconnaissance, vers neuf heures du matin et vers quatre heures du soir, tantôt ne dépassant pas les ponts, tantôt poussant leur marche jusqu'au bout du village et se hasardant même quelquefois jusqu'aux fortifications de Cambrai.

« Le 6 comme ils revenaient au nombre de quatre, pour la seconde fois, vers cinq heures de relevée, ils entrèrent dans un estaminet près des ponts et demandèrent du pain, du beurre et du café. Ils allaient en boire pour la seconde fois lorsque l'un d'eux resté sur le seuil par précaution, apercevant une dizaine de dragons et d'éclaireurs qui arrivaient à franc étrier, s'écria : *Françouses ! Françouses !* D'un bond tous quatre se sauvèrent dans la cour de l'estaminet par la porte du fond. Le dernier sortait à peine que le dragon Beaudet, brigadier au 2e de la même arme, qui le suivait, lui cria : « Te rends-tu ! » Le prussien, continuant à fuir, au moment où il venait d'ouvrir la porte des lieux d'aisance qu'il avait prise pour une issue, fut abattu sanglant par un coup de feu que lui tira Beaudet. Les dragons se mirent alors à la recherche de trois autres allemands qui avaient disparu. Après maintes perquisitions un fut retrouvé dans la cour dissimulé sous une brouette, et un autre caché derrière un tonneau. Il fut impossible de mettre la main sur le quatrième. Il avait eu le temps d'escalader le mur de clôture et s'était enfui dans les cours voisines — Il se fit tuer deux jours après dans une rixe avec le maître d'une maison où il était allé faire des réquisitions et exiger de l'eau-de-vie. — On ramassa le blessé qui poussait des cris déchirants. La foule ameutée, dans un premier mouvement de haine voulait l'achever ou le jeter dans l'Escaut lorsqu'arriva le commandant de la garde nationale de Masnières, accompagné d'un douanier. Tous deux s'opposèrent de toutes leurs forces à ce que l'on commît un pareil acte de barbare vengeance. Le second, au contraire, s'empressa de donner au blessé les premiers soins en attendant la venue du docteur Thobois qui déclara la blessure mortelle. La balle entrée sous l'omoplate était sortie à deux doigts au-dessous du sein gauche. Le douanier, M. Marin, s'offrit à faire transporter le moribond chez lui ; mais comme la maison du médecin n'était qu'à quelques pas, on jugea préférable de transporter chez celui-ci le blessé à qui l'homme de l'art ne donnait plus que deux heures à vivre. »

— C'est alors dirons-nous à notre tour en ouvrant une parenthèse, que nos dragons offrirent à leurs prisonniers valides un verre de liqueur, que ceux-ci refusèrent. Ils n'en témoignèrent pas moins leurs remerciements de cette fraternelle attention, en offrant de même à l'un des français, une superbe pipe qui fut acceptée. Après quoi « vainqueurs et vaincus » se mirent en chemin pour Cambrai, avec les chevaux pris, sur lesquels leurs cavaliers avaient eu la maladresse de laisser leurs carabines. Ces chevaux n'étaient plus qu'au nombre de trois, le quatrième s'était échappé et avait repris au galop la route de Bonavis qu'il avait tant de fois parcourue, retournant vers le camp prussien.

« Le lendemain 7 janvier, continue la rédactrice de cette petite chronique, les Allemands ne vinrent pas plus avant que les ponts, ce qui ne leur permit pas de voir le drapeau blanc qui flottait sur la maison de M. Thobois et par conséquent de se douter que leur camarade était resté dans le village.

« Pendant son séjour chez le médecin, le jeune blessé qui se nommait Max Abel, y fut soigné par celui qui l'avait protégé contre la fureur populaire, M. Marin, et par une religieuse de la Sainte-Famille ; il leur conta qu'il était fils d'un grand banquier de Berlin ; qu'il avait un oncle aussi banquier à Stettein, et qu'il était âgé de dix-neuf ans, et brigadier. A toutes les questions qu'on lui fit au sujet de la possibilité d'un siége de Cambrai, il répondit qu'il ne pouvait rien dire.

« Après qu'il eût été pansé, il se trouva en état de pouvoir écrire à sa mère et à ses chefs, et demanda qu'on fit porter ses lettres au Câtelet (Aisne) où l'on trouverait l'un de ses supérieurs. Quoiqu'il offrît de payer largement cette course, personne ne voulut se charger de ces lettres qui restèrent aux mains de M. Thobois. Il les remit plus tard au général Séatelli sur un avis exprès de celui-ci.

« Le général commandant Cambrai, ayant connu par les deux prussiens pris la veille, que leur brigadier était un personnage d'une certaine importance, ordonna à trois hommes de le ramener ; mais le médecin refusa de le rendre motivant son refus sur l'état du blessé. Porteurs d'un ordre écrit, cette fois, de Séatelli, les mêmes hommes retournaient à Masnières avec un omnibus dans lequel on transporta, avec le matelas sur lequel il gisait, Max qui arriva à Cambrai entouré de son escorte, vers douze heures dans la nuit du 7 au 8. »

— Pendant le trajet du village à la ville, l'un des trois gardiens du jeune brigadier proposa de l'achever d'un coup de révolver. MM. Décupère et Duchange qui faisaient partie du convoi s'y opposèrent énergiquement, et une seconde fois Max protégé par ses ennemis, échappa à une mort certaine.

On a parlé plus haut de deux lettres écrites par le prisonnier; nous avons voulu savoir l'importance qu'elles pouvaient offrir; le général Séatelli questionné par nous, à ce sujet a bien voulu nous affirmer par écrit que ces lettres étaient entièrement d'intérêt privé (1)

(1) « Suivant vos désirs — nous écrivait le général — j'ai consulté « Bolchart, mon domestique qui se rappelle parfaitement les deux « lettres de Max à sa famille, lettres qu'il m'a traduites mot à mot en

Max arrivé à Cambrai fut transporté à l'hôpital militaire où M. Bigorne, officier comptable le reçut. Les Allemands avaient été instruits de tout ce qui s'était passé ; le prince Albert sur une recommandation qui lui vint de la part de la reine Augusta disent les uns, du roi Guillaume disent les autres, envoya un colonel proposer au doyen du Câtelet de se charger sous sauf-conduit, d'aller négocier à Cambrai l'échange du prisonnier contre un français. M. le doyen refusa, c'est alors que le prince se décida à déléguer pour cette démarche l'un de ses officiers, le baron Hersel, avocat.

Donc, le mardi 24 janvier, à trois heures

« présence de M. Duchange, de M. Happe, mon officier d'ordonnance, « et de M. le sous-préfet Isoard, si je ne me trompe. Il déclare « formellement, et en cela il est d'accord avec mes propres souvenirs, « que ces lettres n'avaient trait qu'à la position du prisonnier, à « l'espoir d'être échangé ou évacué sur la Belgique, à la manière « obligeante avec laquelle il était traité, etc. Mais rien, absolument « rien concernant la politique, les événements militaires, la situation « de la place, etc.

« D'ailleurs, si une seule de ces questions avait été abordée, vous « devez bien penser, Monsieur, que je n'aurais pas autorisé le départ de « ces lettres...... Elles n'auraient donc aucun intérêt pour vous, et « vous n'en pourriez tirer aucun parti pour le travail que vous « préparez. »

de l'après-midi, un second parlementaire (1) pénétrait dans la place, après les précautions d'usage. Il fut comme le premier, reçu à l'hôtel de ville par le général, le sous-préfet et toute la municipalité.

Il remit au commandant une lettre fermée, émanant du prince Albert et ainsi conçue :

« J'informe respectueusement M. le comman-
« dant de la place que le porteur de cette
« lettre, lieutenant en deuxième de Ortzen
« du régiment des Hussards de la Garde, est
« chargé par moi d'offrir l'échange de deux
« hussards de la Garde se trouvant à Cambrai
« contre deux soldats français prisonniers.

« Le Câtelet, 24 janvier 1871.

« Prince ALBERT. »

Séatelli rédigea sur-le-champ et remit au parlementaire la réponse suivante :

« Le général commandant supérieur a
« l'honneur d'informer son Altesse Royale le
« Prince Albert, lieutenant général, qu'il

(1) Voir le chapitre VI.

« n'est pas autorisé à prononcer d'échange « entre les prisonniers Prussiens et Français.

« Il le prie de vouloir bien s'adresser à « cet effet à M. le général en chef Faidherbe, « à Lille, qui seul peut décider la question.

« Il lui présente ses civilités respectueuses.

« Le général Séatelli. »

Ensuite on fit savoir au lieutenant que si les Allemands en venaient à bombarder la ville, on exposerait le plus possible le jeune Max à leurs obus. L'officier fut alors reconduit jusqu'à la porte d'enceinte par le sous-préfet et quelques conseillers municipaux. Sur son passage la population resta également silencieuse.

« L'importance qu'on attache à cet échange, « disait à propos de ce qui précède, un « journal local, n'échappe à personne et sera « sans doute d'un grand poids dans la décision « à intervenir. »

Aussi, à peine à l'hôpital le jeune prisonnier y devenait l'objet d'une surveillance rigoureuse; on fondait, on vient de le voir, sur sa présence dans la ville un certain espoir. On croyait que la menace faite aux parlementaires de l'exposer volontairement aux coups des canons prussiens arrêterait l'ennemi dans ses projets d'attaque. Cette croyance faisait donc prendre les mesures les plus minutieuses pour empêcher une évasion en ce moment d'ailleurs impossible.

« Une hémoptysie, nous dit M. Bigorné, « s'était déclarée après la blessure, Max « crachait le sang, il ne pouvait donc pas « songer à s'évader ; en eût-il eu l'idée, « l'impossibilité physique aurait déjoué ses « projets. J'avais fait mettre Max dans une « salle commune, quelques jours plus tard il « fut transféré dans une chambre particulière « avec porte fermant à clef et barreaux de « fer aux fenêtres. Un infirmier coucha d'abord « dans le corridor, devant la porte, puis « dans la chambre même.

« Les précautions étaient, comme l'on voit, « suffisantes contre toute tentative d'évasion. « Certains bruits pourtant, arrivèrent aux « oreilles du général commandant supérieur « qui m'écrivit le 26 janvier pour m'avertir

« d'un complot d'enlèvement et me donna « des ordres en conséquence.

« Le même jour il m'informait que le « prisonnier allait être gardé à vue par un « garde national.

« Le 27, une première lettre du général « me demandait s'il était vrai — insinuations « gratuites formulées auprès de lui — que « j'eusse renvoyé la sentinelle sous prétexte « qu'elle était inutile ? — Une seconde lettre « autorisait M. Décupère, entrepreneur de « peinture, à pénétrer à volonté dans l'hôpital, « pour s'assurer que le service de planton « de garde nationale se faisait régulièrement. « — Une troisième me prévenait que « j'eusse à laisser entrer dans l'hôpital le « chef de bataillon Pagniez, le capitaine « Alfred Grevois et le sous-lieutenant Delcroix « de la garde nationale.

« Le 28, nouvelle correspondance m'annonçant « que trois officiers ou sous-officiers devaient « être commandés de service pour veiller à « la garde du blessé ; et ces Messieurs ont « parfaitement accompli leur devoir de senti- « nelle pendant la nuit. »

Au physique, Max était d'une figure intéressante sous ses cheveux bruns ; un léger duvet teintait à peine sa lèvre, et son corps frêle, de taille moyenne au plus, en faisait un soldat plus redoutable par sa hardiesse que par sa force. Il était depuis peu à l'hôpital lorsqu'il manifesta le désir de voir le dragon qui l'avait blessé ; il lui dit ne conserver contre lui aucun ressentiment de ce qu'il regardait comme l'accomplissement d'un devoir, ajoutant qu'il en eût fait lui-même autant, les rôles étant retournés. On sut par le prisonnier qu'il avait fait ses études à Paris, puis habité Lyon où la banque de son père avait une correspondance. Cela expliquait sa parfaite connaissance de la langue française. On l'avait cru de la religion catholique tandis qu'il était chez le docteur Thobois ; lorsqu'il fut alors question de lui donner, vu sa triste position, les secours de l'Eglise, il dit qu'il n'appartenait point au culte romain. On le supposa alors protestant et ce n'est qu'à Cambrai que questionné sur sa croyance, il déclara professer le judaïsme (1).

(1) Cela n'expliquerait-il pas l'alliance matrimoniale qu'on dit exister entre les familles Max et de Rostchild ?

Il portait suspendu au cou par un cordon, une amulette qui lui descendait sur la poitrine. C'était une sorte de sachet carré d'environ 0,12 centimètres, renfermant un parchemin sur lequel la mère de Max avait écrit elle-même en allemand, cette formule supestitieuse (1) :

« Le chevalier qui portera le présent, sur « soi, avec respect, menant en même temps « une vie exemplaire, protégeant la veuve et « l'orphelin, combattant pour la justice, « sera préservé du feu du ciel, de l'épée et « des projectiles de l'ennemi et aussi du « poison. »

Max causait volontiers avec ceux qui le surveillaient ou le soignaient, on connut ainsi son opinion — peu sérieuse du reste — sur l'armée française qu'il accusait d'être indisciplinée, et sur la France où selon lui l'on n'avait en général aucun respect pour l'autorité. Il se vanta d'être entré plusieurs fois dans Cambrai, couvert d'habits bourgeois, et d'y avoir dîné à l'hôtel de France ; de s'être

(1) Nous en devons la traduction à l'obligeance de M. Willy à Cambrai.

engagé par gageure avec ses camarades, à venir *salir* la porte Cantimpré — ce qui ne pouvait être que l'effet d'un suprême mépris ou d'une insanité complète — et d'avoir poussé différentes reconnaissances jusqu'aux fortifications mêmes. Il aurait encore exprimé, racontait-on aussi, le regret de n'avoir point conduit plus loin ses vexations envers la ville, et manifesté en même temps le désir de pouvoir les recommencer.

Enfin, dans un moment où le calme avait remplacé ses fanfaronnades patriotiques, il avoua s'être attiré par sa témérité le châtiment qui l'avait frappé.

Une dame belge vint un jour le voir à l'hôpital militaire, c'était la baronne de Crombrugghe, infirmière de l'*Internationale* et alors directrice de l'ambulance établie au Musée communal.

Cette dame venait de recevoir du père de Max une lettre la priant de s'employer auprès des autorités françaises pour obtenir le transfèrement du jeune blessé dans l'ambulance qu'elle dirigeait, et ce afin de pouvoir tenir le banquier berlinois au courant de tout ce qui adviendrait à son fils. La baronne fit à ce dernier différentes visites successives ; ses entretiens avec lui devinrent quotidiens, trop longs pour la défiance de certaines personnes, et firent naître des soupçons dans l'esprit public. On craignait de coupables connivences, on alla jusqu'à accuser ouvertement la noble infirmière d'être une espionne au service des Prussiens. Ces craintes et ces accusations furent soumises au général Séatelli. Il interdit alors, à madame de Crombrugghe dans ses visites à l'hôpital, de parler au blessé sinon en français et en présence d'un témoin.

Le 27 février, la baronne quittait Cambrai après avoir rendu d'inconstestables services à nos soldats pendant les trente-sept jours qu'elle avait passés dans la ville. La part qui lui avait été dévolue dans ses fonctions d'infirmière, a été l'une des plus lourdes et des plus dangereuses.

Madame de Crombrugghe a publié un journal du temps qu'elle a passé dans les ambulances, du 20 août 1870 où elle se rendit à Sarrebruck, au 27 février 1871 où elle rentrait à Bruxelles. Malheureusement, l'impression qui nous est restée de ce journal que nous avons lu, c'est que l'écrivain profite de toutes les occasions pour rabaisser les Français au profit des Prussiens. Cela est fait adroitement et avec un air de vérité, mais il nous semble que l'auteur s'est trop uniformément abstenu de citer les faits où il aurait pu tenir un langage contraire ; et la partialité prend quelquefois dans ces pages qui ne sauraient cesser d'ailleurs d'être intéressantes, un caractère trop visible (1).

Revenons à notre prisonnier. On a beaucoup répété à Cambrai que Max aurait bien voulu s'évader de l'hôpital, nous l'avons dit plus haut ; qu'il aurait même offert à cet effet, une somme considérable au portier ; nous avons fait interroger celui-ci, qui aujourd'hui a délaissé son emploi, et deux infirmiers qui se trouvaient souvent alors en rapport avec le jeune homme : jamais ils n'ont eu de sa part à repousser, affirment-ils, une semblable proposition ; seul, un de leurs collègues de Saint-Quentin qui avait avec Max de longs entretiens, prit un jour la fuite sans qu'on ait su pourquoi, et fut porté déserteur.

(1) Voir aux pièces justificatives B.

Il est vrai que le brigadier des Hussards de la Garde avait manifesté plusieurs fois le désir de quitter l'hôpital, mais pour se soustraire à la contagion de la variole noire qui y régnait et dont moururent deux gardes nationaux de la ville, qui y avaient contracté cette maladie.

Le père de Max écrivit à M. Perot, banquier à Lille, son ancien comptable, le priant d'envoyer à son fils l'argent nécessaire à ses besoins et de recommander qu'on eût soin du blessé. Lui-même, vint à Cambrai le jeudi 26 janvier, accompagné d'un médecin belge. Il vit son fils, sur l'autorisation que lui avait accordée M. Testelin alors commissaire de la République ; il exprima, mais en vain, le plus vif désir de l'emmener. Au refus qu'on lui opposa il se répandit en récriminations contre cette guerre maudite qui aurait dû selon lui se terminer à Sedan, et qui lui avait déjà enlevé deux neveux et trois des six employés composant le personnel de ses bureaux. Cambrai, disait-il, attachait une importance illusoire à la présence de son fils qui n'eût point empêché le bombardement.

Cependant, M. Testelin promit l'échange de

Max contre un capitaine-major, de Lille, M. Rayat (1) alors en Prusse; mais lorsque la municipalité de Cambrai connut cette promesse elle sollicita le général commandant de s'opposer, au besoin, au départ du prisonnier « préservateur, » lequel d'après l'opinion populaire n'appartenait pas à l'autorité militaire mais à la ville (!) si on le lâchait ajoutait-on, le peuple s'ameuterait.

Néanmoins peu de jours après, le 1er février, le maire, avec l'autorisation du général, prit à six heures du soir Abel pour le conduire dans une maison particulière, chez M. Boone négociant rue Cantimpré, et le 5, vêtu d'habits bourgeois, le jeune prussien partait pour Lille où, chez M. Perot, il ne tarda pas à se guérir complétement.

Son père était venu se fixer momentanément à Bruxelles pour négocier plus facilement l'échange qu'il sollicitait ; il logeait à l'hôtel de la Belle Vue, où son fils vint le rejoindre le 10 ou le 11 février, pour reprendre de compagnie le chemin de la maison paternelle : « sous les tilleuls, 2 à Berlin. »

(1) Rue des Suaires.

Nous ferons remarquer que si effectivement il y eût échange en cette circonstance, contre le capitaine Rayat, ce dernier ne fut point libéré alors et ne revint en France qu'avec les autres prisonniers, pour aller, peu après, dans les rangs de l'armée de Versailles, se faire tuer à Paris à l'attaque d'une barricade de la Commune.

Le banquier témoigna sa reconnaissance à ceux qui avaient pris soin de son fils. Deux tabatières du poids de 1,500 grammes très-bien ciselées, l'une d'or, l'autre d'argent, furent par lui adressées à M. Boone qui les remit au nom du donateur à M. Allaire, chirurgien militaire à Cambrai, et au docteur Thobois. Ces bijoux portent cette inscription : « Souvenir d'amitié et de reconnaissance. « Max. Berlin. »

Max Abel fut-il vraiment la cause qui préserva Cambrai d'un bombardement? nous ne le pensons pas en nous rappelant les paroles de Von Gœben (1). Nous croyons d'ailleurs que la menace de l'autorité française

(1) Au chapitre VI.

d'exposer le prisonnier au feu des Allemands ne pouvait point paraître sérieuse à ces derniers. Puis, ceux-ci n'eussent certes pas manqué d'user de représailles.

IV

Les secours aux blessés. — Ambulances des séminaires. — Appel des séminaristes au service militaire. — Députation anglaise, ses dons. — M. Bertrand-Milcent. — Dons des Américains.

Nous venons, à propos de Max Abel, de parler incidemment des hôpitaux et des ambulances ; ce serait ici le lieu de rappeler les services rendus chez nous par la *Société des Secours aux blessés des armées de terre et de mer*, s'ils n'avaient été l'objet d'un rapport fort étendu adressé par le secrétaire du comité sectionnaire de Cambrai, M. V. Delattre, à M. le comte Flavigny, président du comité central à Paris, imprimé dans les *Tablettes Cambresiennes* (1) et mis en vente en librairie. Nous y renverrons donc le lecteur en nous bornant à donner en quelques lignes, sur les ambulances des séminaires des détails que ne comportait pas le cadre adopté par M. Delattre.

(1) Année 1877, nos 1 et 2.

Un grand drapeau blanc, symbole de paix, chargé en cœur de la croix rouge alézée, placé au sommet des deux édifices, indiquait au loin ces asiles de la souffrance et devait les préserver des projectiles de l'ennemi. Les Prussiens les eussent-ils respectés s'ils en étaient venus au bombardement..... ce qu'ils avaient fait à Péronne, malgré les réclamations et les prières d'une députation envoyée auprès du général Barnekow, ne permettait guère de l'espérer (1).

Un séminariste qui lui-même a soigné les blessés, M. Dupas, nous indiquera comment était organisé le service de l'ambulance du Petit Séminaire :

« Généralement la prière du matin récitée « à haute voix par l'un de nous, au milieu « du dortoir, avait lieu vers 6 heures. Après « venaient le pansement, la visite des docteurs « et le petit déjeuner. A 10 heures repas sur « place pour les plus infirmes, au réfectoire

(1) Barnekow, fit répondre à la députation par un de ses officiers, « que les maux infligés à la population civile étaient pour l'armée « assiégeante son principal moyen d'action ; que d'ailleurs la France « en déclarant la guerre était allée au devant de tous les malheurs « qu'elle subissait. » — *La vérité sur le Siége de Péronne.*

« pour les autres. Ce repas se terminait
« ordinairement par quelques friandises qu'of-
« fraient des habitants de la ville. Quelquefois
« vers deux heures, une personne charitable
« réunissait les blessés pour les amuser par
« des jeux ou les égayer par des récits. A
« 4 heures second repas, puis récréation
« suivie du second pansement, puis enfin
« prière du soir.

« Le service, de jour et de nuit, était fait
« par des séminaristes et les professeurs
« auxquels les Filles de la Sagesse, les Sœurs
« Augustines et les Frères de la Doctrine
« Chrétienne (1) prêtaient leur assistance. Les
« blessés étaient soignés avec la plus grande
« sollicitude.

« Au grand séminaire les soins étaient les
« mêmes, les blessés y recevaient, comme au
« petit séminaire, les mêmes secours et étaient
« traités sous tous les rapports avec tout le
« dévouement que réclamait l'état sanitaire
« de chacun d'eux. Aussi, des soldats pansés

(1) Indépendamment des quarante-cinq blessés qu'ils ont soignés pendant trente et un jours les Frères de la Doctrine Chrétienne en avaient déjà recueilli quatre après l'évacuation de Metz.

« dans nos séminaires, n'en est-il pas un « qui n'ait manifesté sa reconnaissance, et « les larmes qu'un grand nombre versaient en « quittant ces lieux de charité, prouvaient « assez la façon dont ils y avaient été accueilis « et traités. »

Cependant, sur nos champs de bataille la mort fauchait sans relâche, et la patrie manquait de bras pour la défendre. Les élèves du grand séminaire qui étaient retournés chez leurs parents recevaient bientôt un ordre d'appel : ils devaient se rendre sous les drapeaux. Mgr l'Archevêque écrivit alors à M. Testelin, préfet du Nord à cette époque, pour obtenir que ces jeunes gens fussent placés dans les ambulances : sa demande ne fut point accueillie.

Le 14 janvier les séminaristes se rendaient à Lille pour y passer le conseil de révision, après quoi ils furent incorporés tous dans les 75e et 91e de ligne. La vie de caserne fort en désaccord avec le régime du séminaire, leur fut imposée pendant quelques semaines au bout desquelles, sur les instances d'une personne charitable, le général Dessain ordonna que tous ces jeunes gens fussent versés dans les ambulances où leur dévouement à l'égard des blessés fut à la hauteur de leur mission.

Certes, il n'était que trop juste, en ces jours de désespoir, que tous indistinctement concourussent à la défense du pays ; mais pourquoi cet appel des séminaristes n'eut-il lieu que dans le département du Nord? Dans le Pas-de-Calais, par exemple, tous furent exemptés avec la plus grande facilité par l'autorité départementale ; c'est ce que nous affirmait, par lettre du 19 février 1872, M. le supérieur du séminaire d'Arras.

Revenons à nos ambulances cambresiennes : vers la fin de septembre une députation du comité anglais de la Société des secours, conduite par le général sir Vincent Eyre, se présentait à l'hôtel de ville, au maire, M. Bertrand-Milcent, et, guidée par lui, visitait les hôpitaux et les diverses ambulances pour en connaître les besoins. La mission d'humanité du général fut grandement facilitée par le maire qui parlait correctement l'anglais, et qui agit puissamment près de la députation pour en obtenir d'immenses secours. Aussi, peu après arrivaient à Cambrai dans des caisses ou des balles, quantité de vêtements, d'instruments de chirurgie, du vin, de la bière, etc., distribués aux ambulances de la ville et des environs. Ces envois se renouvelèrent, et ne cessèrent qu'à la fin de la guerre.

Indépendamment de ces dons, le général Eyre dans ses visites aux hôpitaux avait témoigné toute la sympathie qu'il éprouvait pour nos malheureux soldats, en leur distribuant de l'argent, du tabac, et en leur donnant toutes sortes de consolations.

De son côté, M. Bertrand dont les rapports avec l'Angleterre et l'Amérique n'éprouvaient point d'interruption, fit appel à ses nombreux amis d'outre-mer et pendant qu'il recevait de MM. Renshaw, de Manchester, Ross, John, Martin, Mac-Giagh de Relfart, des secours en argent, distribués aux plus nécessiteux, M. Alexandre-Thomas Stewart, le plus riche négociant de New-York, avec qui M. Bertrand était en rapport d'affaires, lui expédiait 800 barils de farine qui vinrent aider largement à diminuer la misère des malheureux des environs de Cambrai. Ce don si généreux fut réparti au prorata du nombre des nécessiteux entre les communes suivantes du Nord et du Pas-de-Calais : Avesnes-les-Aubert — Avesnes-le-Sec — Banteux — Bantouzelles — Basuel — Bévillers — Cagnoncles — Cattenières — Caudry — Clary — Elincourt — Esnes — Estourmel — Féchain — Flesquières — Fressies — Gonnelieu — Gouzeaucourt — Grand Hermies — Haucourt — Haspres — Haussy — Lesdain — Marcoing — Metz-en-Couture — Paillencourt — Quiévy — Ruyaulcourt — Rumilly — Saulzoir — Saint-Hilaire — Saint-Python — Saint-Souplet — Saint-Vaast — Séranvillers — Verchain — Viesly — Villers-Guislain — Villers-Outréaux — Villers-Plouich.

V

Les dits des Prussiens concernant le projet de bombardement.

Les Allemands avaient l'intention évidente de bombarder Cambrai, ils devaient le faire peu après la bataille de Saint-Quentin, et la ville ne pouvait selon eux résister longtemps à leur attaque.

Il nous a semblé intéressant de grouper toutes les affirmations des Prussiens touchant ce projet de siége; si elles diffèrent dans la forme elles s'accordent toutes au fond. Elles nous ont été transmises par ceux mêmes qui les ont entendues et à qui, pour cette raison, nous laisserons la parole le plus souvent possible, en suivant l'ordre alphabétique des communes pour éviter la confusion.

— M. Loison, de Beauvois, avait logé le samedi 21 janvier, deux sous-officiers prussiens dont l'un se disait fils du chef de gare d'un chemin de fer, à Berlin. Après avoir raconté que la bataille de Saint-Quentin avait été très-meurtrière, que les pertes des Allemands avaient été plus considérables encore que celles des Français, que si ces derniers avaient eu tous généraux aussi habiles que Faidherbe, tous les Prussiens seraient restés en France, il ajouta qu'ils allaient bombarder Cambrai le lendemain, que vingt-quatre heures étaient plus que suffisantes pour le prendre et qu'il serait réduit en cendres s'il ne capitulait point.

Sur l'observation de M. Loison que ce siége allait amener les Allemands par tout le pays, son interlocuteur lui répondit que ce n'était point de ce côté que les batteries devaient être établies, mais plutôt vers Masnières.

A leur départ, ces sous-officiers après avoir montré une grande colère contre Bismarck et Gambetta qu'ils regardaient comme cause de la guerre, répétèrent qu'ils marchaient sur Cambrai.

— M. le doyen du Câtelet que sa position avait mis à même de connaître les projets de l'ennemi, nous dit : « Le 30 décembre un

« capitaine d'artillerie et deux lieutenants « sont allés explorer les alentours de Cambrai « et choisir le point le plus convenable pour « bombarder la ville. Ce capitaine m'a raconté « son voyage et m'a désigné l'emplacement « qu'il avait choisi entre Rumilly et Cambrai.

« Les pièces de siége avaient été à cet « effet expédiées de Mézières ; le chef de « bataillon du 1er régiment d'artillerie a logé « chez moi : c'est lui qui était chargé d'ouvrir « le feu. »

L'abbé Toupet, professeur au petit séminaire, se trouvant au Câtelet, eut l'occasion de causer avec le général commandant la brigade cantonnée dans le bourg, cet officier lui affirma que le bombardement de Cambrai avait été chose complétement décidée, et qu'un contre-ordre dont il ne dit pas la raison, arrivé au dernier moment, fit surseoir à l'exécution.

— M. Alexandre Dumont, alors maire de Cattenières, interrogeait le 25 janvier, sur le siége de la ville, un sous-lieutenant prussien venu dans la commune pour réquisitionner. Celui-ci après avoir beaucoup ri de ce que les canonniers de la citadelle avaient tiré, selon lui, sur des paysans de Niergnies qui se trouvaient aux champs, les prenant pour des ennemis, continua en disant que le bombardement ne durerait pas vingt-quatre heures et qu'on n'attendait pour le commencer que l'arrivée de grosses pièces. Le lendemain cet officier et les hommes qu'il commandait partaient dans la direction de Masnières.

— A Caullery, un témoin auriculaire affirmait au curé que des officiers ennemis parlaient du bombardement de Cambrai comme devant être terrible ; et l'un d'eux recevant une dépêche qui lui ordonnait de rétrograder la jeta à ses pieds en s'écriant : « Encore ! « voilà la cinquième fois que nous recevons « l'ordre de prendre la ville, toujours révoqué « au dernier moment. »

— A Clary, le vendredi 20 janvier, M. Hédiard-Bourlet logeait à onze heures du soir, deux éclaireurs qui recommandèrent qu'on les réveillât le lendemain à 6 heures du matin ; ils allaient, disaient-ils, prendre Cambrai, puis Valenciennes et Lille, et retourner ensuite en Prusse.

— « Le 26 presque tous les villages autour « de Cambrai, — écrit M. Dupas, séminariste, « alors chez sa sœur institutrice à Clary — « étaient remplis de Prussiens qui devaient « assiéger la ville. Un chef m'apprit qu'on « attendait à cet effet des renforts qui allaient « arriver. »

— A Crèvecœur où était le quartier général, quelques officiers logeaient au petit pensionnat des Dames Augustines ; ils eurent avec elles, dont l'une était allemande, une conversation que la supérieure a ainsi consignée dans son journal : « Paris se rendra par le feu et la « famine — dirent ces officiers — .... Ce ne « sera qu'un jeu de Cambrai : cinq heures « nous suffiront avec nos nombreux canons, « pour forcer la ville à se rendre. 70,000 « hommes vont l'attaquer ; ils sont sûrs de « la prendre. Nous ferons un bon nombre de « prisonniers ; autant de moins pour défendre « Lille. Nous souhaitons que Cambrai se « rende et ne tenons pas à le détruire. Il « nous tarde d'en finir avec cette guerre pour « retourner dans nos foyers. » Cette conversation avait lieu dans la soirée du samedi 21 janvier c'est-à-dire douze heures avant qu'on envoyât sur la ville les premiers obus. Le 22, un autre officier logé chez le vicaire au hameau de la « rue des Vignes, » lui disait : « Demain « Monsieur, nous allons assiéger Cambrai et « vous entendrez le bruit du canon. »

— L'officier commandant les quelques centaines de cavaliers ennemis qui occupèrent Esnes, était d'une bienveillance rare chez ses compatriotes. Le 21 janvier, il apprit au curé, chez qui il avait son gîte, que sa troupe allait au siége de Cambrai. Aux regrets que l'on exprimait devant lui, touchant la destruction probable dès lors, de la ville, de sa cathédrale à peine relevée de la ruine où l'avait mise l'incendie de 1859, et de ses monuments, ce chef répondait que c'était affreux sans doute, mais qu'on prendrait avec la place les fuyards de Saint-Quentin dont elle était pleine et qui formaient presque un corps d'armée.

— Le 22 un autre officier disait au maire de Fontaine-au-Pire, dont il était l'hôte — en entendant l'explosion de la mine qui venait de détruire le pont reliant cette commune à Haucourt, au-dessus du chemin de fer : —

« Voilà Cambrai qui saute! » Il était environ 6 heures du soir.

— Le 21, les Prussiens commençaient à se montrer à Haucourt. Dans la nuit un grand nombre de canons et de mitrailleuses traversaient le village marchant vers Masnières. Le 23 arrivaient 7.000 soldats qui se mirent incontinent à voler tout ce qui leur tomba sous la main et à ravager les basses-cours, dit le garde de la commune, François Quinchon. Il eut pour sa part à loger deux trompettes et un tambour qui ne cessaient de répéter non plus que tous leurs camarades, qu'ils allaient bombarder Cambrai avec 400 canons et beaucoup de mitrailleuses; que l'on attaquerait d'abord la citadelle, puis les monuments, la cathédrale, le cirque (?) — Voulaient-ils dire l'hôtel de ville?

— Les Prussiens logés chez M. le curé de Lesdain, racontaient que le général en résidence à Crèvecœur, avait trouvé « inoui » que la sommation de se rendre, faite à Cambrai le 22, n'eût été suivie d'aucun effet. L'ordre d'attaque, disait-il encore, fut donné à plusieurs reprises, puis révoqué au moment même de l'exécution : « Je ne comprends rien à ce « qui se passe et ne sais ce qui protége « Cambrai à ce point. »

D'après le même ecclésiastique, les chefs prussiens avouèrent que dans leur conseil de guerre ils avaient décidé d'attendre les grosses pièces d'artillerie, mais le mauvais temps et le dégel mirent obstacle à leur arrivée, ce qui différa l'attaque remise en dernier lieu au 23, à huit heures. C'est alors que vint aux ennemis l'avis de se replier sur Saint-Quentin, mouvement qui s'opéra le jeudi 26 janvier.

— M. de Pancy eut à son château de Ligny grand nombre de Prussiens et de chefs qui lui dirent en le quittant : « nous marchons sur Cambrai dont le bombardement a été décidé. »

D'autres officiers logés le 21 chez M. le docteur Robert, alors maire, lui annonçaient la même résolution; et ceux qui se trouvaient chez M. Taisne, cultivateur, lui donnèrent à garder en partant le 22, deux pièces de bœuf qu'ils espéraient reprendre quelques jours plus tard, après le bombardement. Les soldats répandus dans le village répétaient également qu'ils marchaient sur Cambrai, lorsque l'ordre général du 22, les rappela vers Clary avec leurs canons.

— A Marcoing selon M. Bricout fils, propriétaire de la blanchisserie, se trouvaient un nombre considérable d'obusiers et 500 projectiles.

— Mademoiselle Madeleine Lesage, de Masnières, eut avec l'un des officiers ennemis occupant en grand nombre la maison de ses parents, une conversation dans laquelle il exposa que les Prussiens voulaient Cambrai pour y établir un centre de correspondance, et se rendre par là maîtres du Cambresis tout entier.

La concierge du château entendait de son côté exprimer la même chose le 23 et le 24 janvier.

— Un chef Allemand entretenait aussi la dame chez laquelle il logeait, à Saint-Quentin, des quatre ordres successifs d'attaque, successivement aussi contremandés.

— Un commandant Saxon parlant bien le français et qui se trouvait encore à Paris, la veille de la déclaration de guerre, indiquait sur une carte, extrêmement détaillée, à son hôte forcé, M. le curé de Maurois, les positions stratégiques avantageuses, que, les Prussiens avaient à Wambaix et à Awoingt pour faire un siége qui ne durerait que quelques jours. On n'attendait pour l'entreprendre continuait-il que l'artillerie nécessaire qu'on faisait venir de Péronne; les pièces qu'on avait sous la main étant insuffisantes.

— Les mêmes propos se tenaient à Montigny où passèrent, nous affirme-t-on, plus de cent pièces de fort calibre, marchant sur Cambrai.

— Un médecin en chef prussien et un médecin subalterne, logeant en compagnie de plusieurs officiers au presbytère de Rumilly, expliquaient au curé que Cambrai devait être attaqué sur quatre points à la fois par les batteries assises : à Rumilly sur la « Montagne blanche, » à Niergnies derrière la citadelle, à Fontaine-Notre-Dame, et entre Tilloy et la Neuville-Saint-Rémi, et comptant en tout cent bouches à feu, qui auraient en cinq heures réduit la ville. Ces points avaient été désignés par le général du génie posté à Masnières, et l'on voit encore à la « Montagne blanche, » les tranchées ouvertes pour loger les pièces. La gare du chemin de fer devait être occupée par les régiments venant du Câteau et des environs, tandis que les troupes venant de Bapaume, arriveraient à Fontaine-Notre-Dame et à Tilloy.

« On se demande, dit M. le curé de « Rumilly, comment le siége n'a pas com- « mencé peu après le retour du parlementaire, « le dimanche ; le général qui était à Crèvecœur « en a donné cette raison : Il n'avait à sa « disposition que des pièces de campagne, les « canons de fort calibre qui lui étaient néces- « saires, se trouvant, à cause des pluies « abondantes, embourbés dans les environs « de Saint-Quentin. Il était cependant résolu « que l'action aurait lieu, en voici une « preuve. Le général témoignait sa reconnais- « sance à une religieuse Augustine du couvent « de Crèvecœur, des soins qu'elle et ses « compagnes avaient prodigués aux soldats « malades et lui demandait ce qu'il pourrait « faire pour l'obliger ?

« Epargner, répondit-elle, la maison de « notre noviciat, dont elle lui désigna la « situation.

« Vous me demandez l'impossible, madame,

« répliqua le général, car j'ai l'ordre sous « peine de la vie de bombarder Cambrai et « de ne rien épargner. »

— « Les Prussiens envahissaient Villers-« Guislain, le 20 Janvier, après la bataille de « Saint-Quentin. De 9 heures du matin à « 4 heures du soir, dit l'abbé Menil, précepteur « au château, on ne vit passer que canons et « caissons allant sur Cambrai, et la route de « Péronne était toute entière couverte d'artil-« lerie suivant la même direction. M. de « Prémont, parti le même jour pour la ville, « s'y était laissé enfermer avec les troupes « françaises que suivaient les Allemands. Le « colonel qui se trouvait chez nous, apprit « en déjeûnant la détention involontaire du « maître du château et dit alors à madame « de Prémont : Demain dimanche à huit « heures, nous ouvrons le feu sur Cambrai ; « à midi nous serons maîtres de la place, et « votre mari, madame, sera ici à quatre « heures.

« Cependant M. de Prémont rentrait chez « lui le samedi soir ; le colonel ne comprenait « pas que les Français l'eussent laissé sortir

« de la place dont, répéta-t-il, les Prussiens « devaient s'emparer en trois heures. Comme « je lui demandais ce qui pouvait lui donner « cette persuasion, il répondit : Cambrai est « entouré de faubourgs qui le commandent, « un bombardement de trois heures mettra « les deux tiers de la ville en cendres, or « un commandant de place ne peut assumer « une pareille responsabilité.

« Pourtant, de samedi soir à dimanche les « choses changèrent de face, car ce dernier « jour au matin les Prussiens nous faisaient « leurs adieux pour suivre une direction « opposée à Cambrai : la nouvelle de la sortie « de la garnison de Paris les faisait rebrousser « chemin. — Nous ne les revîmes plus que « pendant l'armistice. »

— A Wambaix la domestique du curé entendant les officiers logés chez son maître, dire, le dimanche à midi, que le bombardement de Cambrai commencerait le lendemain à huit heures, se prit à pleurer; les chefs pour la consoler ajoutèrent « nous ne détrui« rons point toute la ville et ne tirerons que « sur les édifices publics. »

Citons pour mémoire ce que nous avons rapporté des prussiens prisonniers à Cambrai, et ajoutons pour clore ces diverses affirmations qu'à Péronne dont la résistance avait retardé leur venue sur Cambrai, les Allemands ne cessaient de répéter qu'ils allaient faire le siége de cette dernière ville. Nous tenons ce renseignement d'un habitant de Péronne même, M. Sanguineti.

Un journal de Cambrai, *l'Emancipateur* du 29 janvier, résumant outre les propos analogues à ceux que nous venons de rapporter, tenus par les soldats ennemis, leur opinion sur la guerre, leurs vœux et leurs aspirations, terminait en disant : « Il en résulte :

« 1° Que les soldats prussiens sont fatigués « de la guerre.

« 2° Qu'ils ont fait à Saint-Quentin de très- « fortes pertes ; que l'artillerie française leur « a causé beaucoup de mal.

« 3° Qu'ils ont du talent militaire du général « Faidherbe, une très-haute idée et redoutent « ses manœuvres.

« 4° Qu'ils avaient l'intention de bombarder

« Cambrai dès le dimanche 22 janvier, et
« l'espérance de voir la ville se rendre
« presque aussitôt ; mais qu'ils ont été étonnés
« de la savoir si bien armée (!) et si résolue
« à se défendre.

« 5° Qu'ils espéraient surprendre dans la
« place une grande partie de l'armée du Nord
« et la faire prisonnière de guerre.

« 6° Qu'ils détestent cordialement Napoléon III,
« Guillaume et Bismarck et qu'à chaque
« instant on les entend souhaiter leur mort. »

VI

Mouvement des troupes allemandes. — Obus lancés sur Cambrai. — Parlementaire. — Proclamations des autorités françaises. — Conciliabule de l'état-major de Von Gœben. — Préparatifs du bombardement. — Certitude d'un bombardement.

Tandis qu'à Cambrai l'on était dans l'anxiété la plus vive, l'ordre était donné aux généraux Von Gœben et Kummer de quitter avec leurs troupes nos villages du Nord, où elles étaient trop disséminées, et de se masser dans les parages situés au sud de la ville, c'est-à-dire en allant vers Saint-Quentin.

Cet ordre émanait sans doute de Versailles où le roi Guillaume, son conseiller Bismarck et le stratégiste de Moltke avaient établi le quartier général; car aucun mouvement n'avait lieu dans l'armée allemande, sans l'avis de ce triumvirat. Von Gœben et Kummer étaient alors au château de Caudry, chez M. Prioux, c'est de là que l'avis fut transmis aux soldats prussiens. Il leur causa une sorte de panique;

ils croyaient que Faidherbe — alors à Lille où il reformait ses bataillons, comme il le dit lui-même dans son histoire de la *Campagne de l'Armée du Nord*, — se trouvait enfermé dans Cambrai avec vingt-cinq mille hommes; c'était assez, pensaient les Allemands, pour qu'ils se vissent d'un moment à l'autre exposés à être surpris par notre habile général, coupés du gros de leur armée et faits prisonniers.

Mais ce mouvement des ennemis entrait sans doute dans les vues de la Providence; il retarda de nouveau le bombardement de la ville jusqu'à ce que l'armistice vint mettre fin aux hostilités.

Néanmoins, le comte de Werdel, officier supérieur, alors à Masnières, chargé spécialement des travaux d'attaque du siége projeté, faisait en même temps ouvrir des tranchées sur la hauteur dite la « Montagne blanche, » où l'on plaçait sur ses indications, une douzaine d'obusiers et d'autres pièces, et il commandait qu'on tirât sur Cambrai.

En effet, le samedi 21 janvier, vers trois heures de l'après-midi, cinq obus étaient lancés sur la ville. Ils n'y causaient heureusement que des dégâts insignifiants et ne blessaient personne.

Le premier éclata rue aux Miracles, dans le toit d'une petite maison. Un débris de ce projectile alla frapper en face de l'entrée de cette ruelle, la corniche de l'habitation de M. Lefebvre-Dowa, rue Saint-Fiacre. L'hôtel de M. le comte de Vendegies, même rue, et dont le jardin touche à la ruelle, reçut aussi d'autres fragments de cet obus.

Le second alla crever le mur mitoyen de la maison du docteur Hardy et de l'orphelinat, ancien refuge de Vaucelles, rue de Vaucelette.

Le troisième fit explosion dans l'orphelinat même, que ses habitants avaient évacué dès le commencement des hostilités ; cette explosion eut lieu près de la chapelle.

Le quatrième tomba en face, chez M. Mallez-Mallez, dans la même rue; un des éclats s'abattit place Ste-Croix, chez M. Quecq dont le jardin est contigu à celui de M. Mallez ; un autre traversant la place, brisa un lanterneau chez M. Mayez fils, vis-à-vis la grand'porte de M. Quecq.

Enfin le cinquième arriva rue de l'Epée, chez M. Deleau où il endommagea la toiture.

Tous ces projectiles frappèrent sur une étendue de terrain qui ne présente guère plus de 60 mètres carrés. On avait cru ces obus lancés des environs de Niergnies, il nous paraît plus certain qu'ils ont été tirés de la « Montagne blanche, » le plan de leur trajectoire faisant une ligne perpendiculaire à la rue Saint-Fiacre dans le contour de laquelle ils sont tombés. Les autorités militaires de la place se sont rendues alors sur les lieux mêmes, pour s'assurer *de visu* de la réalité de ces faits auxquels on refusait de croire.

Le lendemain. Von Gœben se disposa à envoyer un parlementaire pour sommer la ville de se rendre. Il choisit pour cette mission un colonel de lanciers, baron dit-on, parlant bien le français, bel homme aux cheveux de teinte quelque peu ardente. Celui-ci se présenta le dimanche 22, au matin, à la porte de Paris. On le conduisit à l'hôtel de ville où il fut reçu, vers 9 heures, par le maire, le sous-préfet et le général Séatelli. Il remit à ce dernier une lettre de Von Gœben ; elle était ainsi conçue :

« Monsieur le commandant, l'officier qui
« vient vous transmettre cette lettre, est
« chargé de ma part de se présenter devant
« vous en parlementaire.

« Je me permets de vous proposer de rendre
« la place au soussigné pour épargner à la
« ville de Cambrai les suites fâcheuses d'un
« bombardement.

« L'officier est autorisé à traiter et signer
« la capitulation.

« Von Gœben,

« Lieutenant général.

« Masnières, le 21 Janvier 1871. »

Séatelli après avoir pris, séance tenante, l'avis des autorités locales, donna à l'envoyé prussien la réponse suivante :

« La ville a des vivres, des canons et des
« munitions ; elle se défendra jusqu'à la
« dernière extrémité.

« Le général commandant supérieur.

« SÉATELLI.

« Cambrai, 22 janvier 1871, 9 heures
« du matin. »

A l'hôtel de ville quelques paroles étaient échangées entre les personnes qui s'y trouvaient et le parlementaire ; celui-ci annonçait que la place n'avait que quelques heures pour se rendre et qu'en cas de refus, le feu devrait être immédiatement ouvert. Il lui fut répondu que si les Prussiens bombardaient la ville on exposerait aux coups de leur artillerie, Max Abel. Et le sous-préfet ajouta : « Les répu-
« blicains français, Monsieur, savent défendre
« leur patrie en hommes civilisés, non en
« commettant des actes de barbarie, en brûlant
« les villes, en tuant les femmes et les
« enfants ! »

Après qu'on eut de nouveau bandé les yeux à l'envoyé ennemi, il fut reconduit jusqu'à la porte de Paris par le sous-préfet et plusieurs des membres de l'administration municipale. M. Isoard avant de le quitter lui fit observer que les habitants de Cambrai s'étaient montrés convenables envers lui, sur son passage. A quoi le prussien répondit :. « oui, je les ai
« entendus crier : vive M. le sous-préfet !
« et à mon tour je dis, vive M. le sous-
« préfet. »

Bientôt, on afficha dans toutes les rues cet ordre général :

« Citoyens et soldats,

« L'heure du péril et des rudes épreuves a « sonné.

« Le bombardement de la place va com- « mencer dans quelques heures.

« Que chacun s'élève à la hauteur du devoir « que lui impose la situation.

« Je compte sur vous, soldats, et sur vous « surtout, habitants de la ville de Cambrai, « qui saurez faire votre devoir jusqu'au bout.

« S'il y avait des traîtres et des lâches « parmi vous, ne craignez rien, il en sera « fait prompte et bonne justice, car une « cour martiale est instituée.

« Courage, persévérance, patriotisme, tel « est le mot d'ordre, ne l'oublions pas.

« Vive la France !!! Vive la République !

« Le général commandant supérieur,

« SÉATELLI.

« Cambrai, le 22 Janvier 1871. »

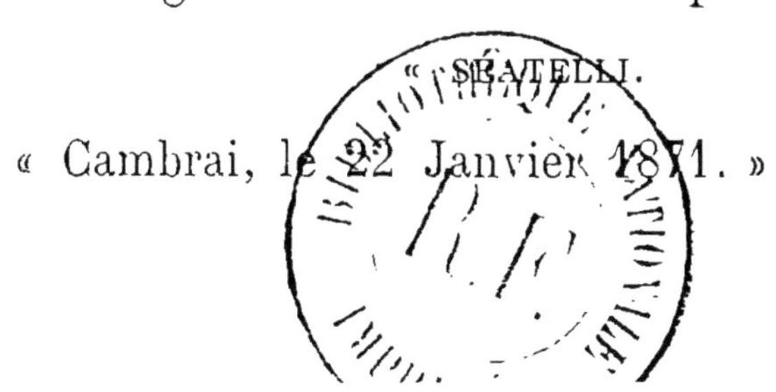

De son côté le maire adressait à la population cet avis, également placardé partout :

« La ville pouvant être soumise à un bom-
« bardement, le maire dans l'intérêt de ses
« concitoyens, croit devoir leur recommander
« de stationner en ce cas, le moins possible
« sur la voie publique.

« Il les engage de nouveau à retirer des
« greniers les pailles et fourrages, etc., à y
« tenir constamment des provisions d'eau pour
« éteindre les commencements d'incendie qui
« pourraient se produire.

« Cambrai, le 21 Janvier 1871.

« Bertrand-Milcent. »

Le sous-préfet à son tour dans la proclamation suivante, exhortait les habitants au courage :

« Chers concitoyens,

« Gambetta est à Lille, il me télégraphie de
« rassurer les esprits, de tenir en garde
« l'opinion publique contre les tristes défail-
« lances : Cambrai se défendra à outrance,
« nous serons soutenus, j'en ai le ferme
« espoir.

« Mon ami Wilfrid de Fonvielle, qui vient
« de débarquer à Calais, me prévient qu'un
« grand mouvement d'opinion se produit en
« Angleterre en faveur de la France, le peuple
« anglais veut être l'allié de la république
« française.

« Ayons donc courage, préparons-nous à
« soutenir une attaque des Prussiens avec une
« indomptable énergie : c'est au moment le
« plus cruel de cette crise que le salut va
« peut-être arriver.

« Ayons confiance ; que chacun soit à son
« poste. Puisse le malheur nous rapprocher et
« confondre tous les cœurs dans un même
« sentiment, celui de la fraternité.

« Vive la France ! Vive la République !

« Le sous-préfet. — Eric ISOARD.

Le même jour, dimanche, « à midi, des
« officiers de l'état-major ennemi, lesquels
« étaient logés chez nous — dit Mlle Lesage,
« de Masnières, — nous prévinrent que, vu la
« réponse faite au parlementaire, on ne tar-
« derait pas à bombarder Cambrai. »

Pourtant, Von Gœben en présence des

paroles fermes du général français et de sa résolution de se défendre, croyant la ville bien approvisionnée, armée de canons rayés à longue portée, et redoutant d'avoir à lutter contre une garnison qu'il supposait très-nombreuse, hésitait d'en venir immédiatement au siége, la résistance pouvant compromettre selon lui, le prestige de la valeur prussienne devant les autres villes du Nord. Il réunit son état-major composé du comte de Werdel et de cinq autres officiers supérieurs, — raconte Mlle Lesage — posant la question de savoir si l'on ouvrirait immédiatement le feu avec les pièces de campagne et les obusiers dont on disposait, ou si l'on attendrait l'arrivée des pièces de plus fort calibre que l'on demanderait alors afin d'obtenir un résultat plus promptement décisif. Ce conseil avait lieu dans la chambre même de Von Gœben ; sur sept voix quatre ayant penché pour la dernière opinion, le lieutenant général dut ajourner l'attaque et dépêcher à La Fère, Péronne, Soissons et Mézières, pour avoir l'artillerie nécessaire.

Les Prussiens avaient cependant en ce moment à leur disposition des bouches à feu en assez grand nombre. On en comptait une vingtaine à Quiévy, seize à Fontaine-au-Pire, arrêtées dans le jardin de l'adjoint M. Renotte, plus de vingt-cinq à Ligny, sept ou huit à Wambaix, une douzaine à Elincourt, une trentaine et douze mitrailleuses à Esnes; une vingtaine encombraient la place de Crèvecœur, parmi lesquelles il s'en trouvait de tous calibres, et le nombre de celles qui avaient été amenées à Rumilly et à Masnières dépassait cent cinquante tandis qu'on en comptait quatre-vingts au Câtelet.

Il entrait d'ailleurs dans le plan des Prussiens de forcer Cambrai avec promptitude, de la réduire en cendres et d'effrayer ainsi les autres places du Nord qu'on devait successivement assiéger, et qui auraient eu l'envie de résister.

Nos ennemis n'auraient certainement pas ajourné leur attaque s'ils avaient su la vérité.

A l'issue du conseil, le comte de Werdel fit connaître à M. Gautier, chez qui Von Gœben s'était installé, la décision qui venait d'être prise. Il ajouta que « tout calcul fait ce serait

« probablement le jeudi 26 qu'on commen-
« cerait à lancer sur la ville des bombes de
« 75 kilogrammes ; qu'en outre le projet
« existait de cerner le département du Nord,
« un corps d'armée devant s'étendre, à partir
« de Mézières, le long de la frontière belge,
« tandis que celui qui opérerait dans notre
« région se déploierait jusqu'à Arras.

« Le lundi 23, Von Gœben lui-même parla
« pendant le dîner, à M. Gautier, des dispo-
« sitions des Prussiens à l'égard de Cambrai.
« On allait placer, dit-il, entre Niergnies et
« la route du Câteau et entre celle d'Arras
« et Raillencourt, les batteries qui une fois
« bien assises, en trois heures réduiraient la
« ville en cendres (1). C'est vraiment dom-
« mage continua-t-il, d'abîmer une si jolie
« ville..... Tenez, M. Gautier je vais, si
« vous le voulez, vous donner un sauf-conduit
« et, au nom de l'humanité (!) vous irez

(1) On a retrouvé à Paris, il y a quelque temps, une bombe prussienne qui éclata lorsqu'on voulut la décharger, tua quatre personnes et produisit *quarante* éclats qui furent ramassés et comptés. Or, si l'on suppose 400 bombes tombant sur Cambrai, par cinq minutes, temps qu'il faut pour charger l'obusier, on reste stupéfait et en même temps convaincu que Von Gœben avait raison de dire qu'il aurait anéanti la ville en trois heures.

« exposer au commandant de la place l'inutilité
« d'une résistance, car nous sommes en
« nombre.... et aussi vrai que je vide ce verre
« de vin, en moins de temps que je viens
« de vous le dire, Cambrai sera complétement
« brûlé.

M. Gautier refusa : il ne pouvait comme français faire une semblable démarche qui eût compromis son honneur.

« Le sous-préfet, reprit Von Gœben, a dit
« à mon parlementaire que si l'on incendiait
« les édifices, il placerait Max Abel dans
« l'endroit le plus exposé et le plus périlleux;
« fût-ce même le fils du roi, lorsque les
« besoins de la guerre l'exigent ce n'est point
« la vie d'un homme qui saurait nous arrêter.
« Certes nous tenons beaucoup à celle de ce
« jeune homme, je le connais particulièrement
« et je serais très-peiné qu'il lui arrivât
« malheur, mais je suis persuadé que Cambrai
« n'exécutera point sa menace. D'ailleurs nous
« qui avons trois cent mille prisonniers français
« ne pourrions-nous pas, par représailles,
« mettre aussi leurs généraux en avant. »

Les Prussiens comptaient en devenant maîtres

de la ville, y faire prisonniers un grand nombre de soldats qu'ils supposaient s'y être réfugiés, et ôter du même coup à Faidherbe l'une des bases de ses opérations stratégiques, sa tête de ligne. « Les généraux allemands, — dit M. le Saint, « dans son *Histoire de « la Guerre entre la France et la Prusse,* — « qui s'attendaient à un retour prochain de « la part de Faidherbe, voulaient s'emparer « au plus vite, d'une des places les plus « propres à servir d'appui à leurs opérations. »

En effet, Cambrai par sa situation, offrait à l'armée ennemie, quand une fois elle aurait fait son invasion dans le Nord, un moyen sûr de se tenir en communication avec le corps sous Paris. N'oublions pas non plus que l'ancienne capitale du Cambresis en tombant au pouvoir des Prussiens assurait à leur rapacité le bénéfice pécuniaire d'une contribution de quelques millions qu'ils n'eussent point manqué d'imposer à la ville, comme ils l'avaient fait à Amiens et ailleurs, ce qui n'était pas au nombre des avantages auxquels ils tenaient le moins.

Ces diverses raisons ne démontrent-elles pas

jusqu'à l'évidence la réalité de leur projet de bombardement ? On peut encore y ajouter la persuasion où était l'autorité administrative départementale et Faidherbe lui-même, d'une invasion alors prochaine, du Nord par l'ennemi, invasion qui devait nécessairement commencer par les villes situées au sud de la contrée et par conséquent par Abbeville, Cambrai, Arras. Cette persuasion est clairement indiquée par les mesures défensives que l'on étudiait à ce sujet.

« En effet, disait la *Gazette de Cambrai*, « dans son numéro du 27 janvier 1871, la « question d'inonder tout le département du « Nord a été sérieusement agitée la semaine « dernière. Elle a même fait l'objet d'une « enquête officielle et l'on annonce que des « ordres ont été donnés pour faire monter les « eaux au maximum de leur élévation.

« Il est généralement connu que le général « Faidherbe a consulté il y a quelques jours, « l'ingénieur du département qui lui a remis « une estimation des énormes dépenses qui « résulteraient des inondations, tant pour les « indemnités à payer à la population que pour

« celles qui seraient dues par suite de l'irruption « de la mer en Belgique. Il paraîtrait d'après les « derniers renseignements, que la mesure serait « adoptée en tous cas, pour ce qui regarde « les premières lignes, puisque les travaux y « relatifs sont déjà entrepris à Mortagne, là où « l'Escaut et la Scarpe s'écoulent en Belgique.

De son côté, l'auteur que nous citions tout à l'heure, M. le Saint, dit : « Le 23 janvier, il fut « décidé dans un conseil de guerre, que les « environs de Valenciennes, de Lille, de Douai « et d'Arras, seraient inondés ; les pertes pour « l'agriculture seulement étaient évaluées à « vingt millions. »

A son tour, le général Faidherbe, dans la note P. de sa *Campagne de l'armée du Nord*, écrit : « Le général Von Gœben allait « commencer les opérations contre le Nord, « par l'attaque d'Abbeville, au moyen de « 30,000 hommes. »

Voilà qui est péremptoire. Les Prussiens convoitaient Lille comme devant être le terme final de toutes leurs opérations dans notre région ; or, après Abbeville dont la prise aurait fermé le passage à toute armée venant par Boulogne-sur-Mer, la stratégie ne les obligeait-elle pas à s'emparer de suite de Cambrai et d'Arras ?

S'il est possible de ne considérer ce qui a été tenté dès l'abord, contre la première de ces deux villes, que comme un essai et que si elle s'était rendue de suite les choses eussent été simplifiées pour l'ennemi, il est bien plus rationnel de penser que les Prussiens, s'ils en avaient eu le temps, auraient renouvelé leur tentative et que cet essai infructueux n'aurait été que le prélude alors, d'un siége véritable, qui n'eût rien perdu de son horreur pour avoir été différé.

Tous les mouvements de l'armée allemande autour de nous devaient aboutir à un résultat général, à l'obtention duquel concourait la prise de Péronne ouvrant la route aux Prussiens vers le nord. « Tous les soldats ennemis « que nous avons logés du 10 au 30 janvier, « nous écrivait un habitant de cette malheureuse « cité, M. Sanguinetti, nous ont parlé du « siége de Cambrai, comme d'une chose « parfaitement décidée en principe. »

Dans un petit ouvrage récemment publié : *La vérité sur le siége de Péronne*, on lit ces paroles d'un officier français de l'armée du Nord, connaissant bien ce dont il dissertait, paroles qu'avait déjà reproduites *l'Ordre*, d'Arras, dans son numéro du 11 janvier 1871 :
« Maintenant (après le siége de Péronne)
« l'armée prusienne forme autour de Lille une
« ceinture de fer qui, joignant à la mer et à
« la Belgique, entrave notre marche. Cette
« ceinture à ses points d'appui à Sedan,
« La Fère, Péronne, Amiens, et bientôt
« Abbeville. »

Si maintenant l'on veut bien se donner la peine de consulter une carte géographique, il restera évident qu'après Abbeville, répétons-le, c'étaient Cambrai et Arras qui devaient compléter « la ceinture de fer. »

Ces dernières raisons en confirmant celles qui précèdent ne laissent aucun doute sur la conclusion que nous avons déjà tirée, savoir : que Cambrai devait être bombardé ; qu'il entrait dans le plan de l'ennemi de s'en rendre maître comme le prouve encore la tentative, dont nous avons parlé plus haut, des Prussiens voulant faire sauter le pont du chemin de fer d'Iwuy, afin d'empêcher une armée venant de Lille de secourir Cambrai, lorsque le siége de cette ville aurait été commencé.

Le lundi 23 janvier au soir, Von Gœben toujours à Masnières, informait M. Gautier qu'il venait de recevoir de Versailles un télégramme lui annonçant qu'il était question de préliminaires de paix et qu'il devait suspendre ses mouvements.

« Les officiers qui se trouvaient chez nous, « dit encore Mlle Lesage, vinrent nous confirmer « cette bonne nouvelle en nous disant qu'on « songeait à un armistice. — En effet les « premiers pourparlers avaient lieu à Versailles « le 24 janvier entre Bismarck et M. Jules Favre, « notre ministre préparant cette démarche dès « la veille. (1) — Le lendemain un second « télégramme venait confirmer le premier et le « général prévenait M. Gautier que dans « quelques jours il quitterait nos parages avec « toute son armée. Les officiers en faisant part « comme la première fois de cette dépêche

(1) Voir aux pièces justificatives C.

« ajoutaient : Vous avez du bonheur, quarante-
« huit heures plus tard Cambrai était en
« cendres ! »

VII

Piété des habitants du Cambresis. — Triduum de prières pour implorer la protection de Dieu et de Notre-Dame-de-Grâces. — Compte-rendu des journées des 10, 11, 12 et 13 novembre.

Pour compléter l'historique des faits dont Cambrai fut le théâtre pendant la guerre, il nous reste à parler des manisfestations religieuses qu'ils provoquèrent.

Il y a dans le cœur de l'homme, même le plus indifférent à l'idée de la divinité, un sentiment inné qui, se revélant à l'approche du danger, le fait se retourner instinctivement vers le Maître des maîtres. En présence d'événements que tout effort humain semblait impuissant à conjurer, que d'âmes insoucieuses se joignirent spontanément alors à celles qu'une foi ardente n'avait pas cessé d'animer, pour prier le « Dieu des armées » de nous être enfin miséricordieux !

Cambrai, qui de toute ancienneté s'est mis sous la protection de Notre-Dame-de-Grâces, sa patronne vénérée, n'attendit point que la catastrophe fût imminente, pour confondre dans ses supplications la Mère et le Fils.

Dès les premiers jours de novembre on placardait par toute la ville de grandes affiches sur lesquelles on lisait :

TRIDUUM DE PRIÈRES

« Au milieu des désastres qui affligent la France et des dangers qui menacent notre contrée, les habitants de Cambrai et des paroisses circonvoisines sont invités à se réunir, à l'exemple de leurs pieux ancêtres, devant l'image miraculeuse de Notre-Dame-de-Grâces, leur patronne spéciale, pour implorer sa toute puissante protection. Les enseignements de notre foi et l'histoire de notre cité quatre fois délivrée des horreurs du siége par l'intercession de Marie, sont un puissant motif d'espérance pour le succès de nos prières.

« Un triduum de supplications et d'hommages en l'honneur de Notre-Dame-de-Grâces sera célébré dans la Chapelle du Grand Séminaire (1)

(1) Elle remplaçait alors l'église métropolitaine incendiée en 1859 et que l'on était en train de restaurer.

les jeudi, vendredi et samedi, 10, 11 et 12 Novembre. Chacun de ces jours-là, à sept heures une messe sera dite en l'honneur de Notre-Dame-de-Grâces, pour la prompte et heureuse issue de la guerre. Les fidèles sont priés de communier à cette messe à la même intention.

« A six heures du soir, salut solennel avec sermon, le jeudi et le vendredi, par M. l'abbé Monnier, vicaire général et supérieur du Petit Séminaire, et le samedi, par M. l'abbé Destombes, chanoine titulaire : Monseigneur l'archevêque donnera la bénédiction du Saint-Sacrement.

« Le dimanche 13 Novembre, à l'issue des vêpres qui commenceront à deux heures, l'image de Notre-Dame-de-Grâces sera portée processionnellement dans la ville.

« Le cortége parcourra l'itinéraire suivant : rues de Noyon, des Chanoines, Place Sainte-Croix, petite rue Vanderburch, Place Fénelon, rues Saint-Aubert, de l'Arbre-d'Or, Place d'Armes, rue de l'Ange. Place-au-Bois, rues du Petit-Séminaire, Saint-Nicolas. »

— Empruntons maintenant aux journaux de cette époque le compte-rendu de ces pieuses journées :

10 NOVEMBRE.

« Bien avant le jour la chapelle du Grand-Séminaire, dans laquelle se trouve exposée la sainte image de Notre-Dame-de-Grâces, s'emplissait de fidèles recueillis et pieux.

« La messe de sept heures offrait surtout un spectacle des plus consolants.

« Jamais la trop petite chapelle du Séminaire n'avait été aussi littéralement remplie.

« L'attitude de tout ce monde était admirable de foi et de dévotion.

« On sentait qu'il y avait dans tous les cœurs les mêmes sentiments et la même confiance.

« Le moment de la communion fut surtout édifiant par le nombre si considérable de personnes qui la reçurent.

« Au moment où les fidèles sortaient de l'église, vers huit heures, un pèlerinage de plus de trois cents personnes, hommes femmes et enfants, se dirigeait pieusement et en bon ordre vers la chapelle ; c'était la paroisse de Fontaine-Notre-Dame, qui, fière de porter le nom de la Sainte-Vierge, avait tenu à honneur d'être la première à venir déposer ses hommages et ses prières aux pieds de la Sainte Patronne du pays. Les pèlerins s'avançaient en récitant le chapelet, et sur leur passage les larmes venaient aux yeux de tous, tant leur piété était touchante et vénérable.

« A partir de ce moment les pèlerinages ne cessèrent plus : on vit successivement arriver les paroisses de Boussières, de Noyelles, de Séranvillers, de Wambaix, qui toutes processionnellement et bannière en tête, avaient bravé la neige et le froid, et fait plusieurs lieues à jeun pour venir prier la Mère du Christ.

11 NOVEMBRE.

« Toute la matinée et malgré le mauvais temps les paroisses voisines vinrent processionnellement honorer Notre-Dame-de-Grâces. Le soir, M. le vicaire général Monnier, monta en chaire, et dans un sermon d'une grande élévation, il exposa les causes des maux qui nous affligent. Nous resterons bien au-dessous de la vérité en disant que l'église était comble et que jamais affluence pareille ne s'y était rencontrée. Les fidèles, malgré la pluie, se tenaient encore sur les marches de la chapelle, cherchant à recueillir les paroles du prédicateur, et s'agenouillaient pieusement au moment de la bénédiction du très-Saint-Sacrement donnée par Monseigneur.

« Les communions ce jour-là, ont commencé à cinq heures et demie du matin, et ont continué, presque sans interruption, jusqu'à onze heures : c'est que les pèlerins étaient plus nombreux encore que la veille, et que presque tous avaient voulu s'approcher de la sainte table dans la chapelle même de la Sainte Vierge.

« Nous avons vu une paroisse arriver en pèlerinage suivie de son Maire et de tous ses conseillers municipaux.

12 NOVEMBRE

« Le samedi, 12 novembre, troisième jour du triduum, les communions ont encore augmenté en nombre.

« Une messe a été célébrée à six heures et

demie du matin, pour les ouvriers typographes, en ce moment sous les drapeaux et appelés pour défendre la patrie. Les ateliers typographiques de Cambrai assistaient presque tous à cette messe ; ceux qui ne s'y trouvaient point au complet y avaient envoyé au moins des représentants.

« Les pèlerinages furent encore plus nombreux que les jours précédents.

« Au soir, M. le chanoine Destombes en rappelant les gloires de Marie, a retracé à grands traits, les bienfaits dont Cambrai est redevable à sa foi dans la mère de Dieu. L'assistance était si nombreuse, que Monseigneur dut permettre que l'on plaçât pour les hommes des chaises dans le chœur de la chapelle et jusqu'au pied de l'autel. L'émotion que produisit sur la foule le discours de M. l'abbé Destombes, fut grande, mais elle fut portée à son comble, quand, exprimant la pensée de tous et répondant avec l'autorisation de Monseigneur l'archevêque au désir qu'un grand nombre de personnes lui avaient exprimé, M. l'abbé Destombes termina son discours par un vœu solennel à la patronne de Cambrai.

« Au nom de la population du Cambresis il promit que deux magnifiques lampadaires brûleraient nuit et jour devant l'habitacle de Notre-Dame-de-Grâces, pour redire aux âges futurs sa divine protection, si, par son intercession, Dieu protégeait Cambrai des maux de la guerre.

DIMANCHE 13 NOVEMBRE.

« Toutes ces démonstrations pieuses avaient rempli de joie et de consolation ceux qui en avaient été les témoins dans le saint temple. mais cela n'était pas suffisant. Pour attirer la protection divine sur la cité toute entière, il fallait que la cité toute entière manifestât sa foi, et c'est ce que la procession de dimanche devait faire éclater sans réserve.

« C'était l'heure où arrivaient à Cambrai un grand nombre de communes. Parmi celles-ci comment ne pas remarquer la paroisse de Niergnies qui ne compte guère plus de 550 habitants, dont plus de 400 s'étaient joints à leur digne curé, M. de Kercadio, qui célébra la messe dans la chapelle de la Vierge.

« Vers midi, la paroisse de Cattenières. presque

entière, hommes, femmes, enfants, entourait la sainte image de Notre-Dame-de-Grâces, en chantant ses louanges, et ne cessait ses prières que pour aller prendre sa place dans le cortége.

« Enfin, vint l'heure de cette procession si vivement attendue et si promptement improvisée ; vingt communes étaient processionnellement venues témoigner de leur amour, pour la Mère de Dieu, se mettre sous sa divine protection, et grossir son cortége d'honneur ; c'étaient : Abancourt, Bantigny, Cagnoncles, Cattenières, Escaudœuvres, Eswars, Fontaine-Notre-Dame, Iwuy, Lourches, Le Câteau, Neuville-St-Rémy, Niergnies, Neuville-sur-l'Escaut, Proville, Paillencourt, Rumilly, Sailly, St-Druon, Séranvillers, Solesmes.

« Nous ferons remarquer que Fontaine-Notre-Dame, amenait à ce saint cortége plus de mille pèlerins. Iwuy, y a conduit huit cents personnes. Le nombre des pèlerins d'Escaudœuvres était aussi fort grand.

« Le caractère de cette procession était bien différent de toutes les fêtes du même genre dont la piété n'exclut point certains apprêts ; ici, rien de pareil ; la foi et la confiance en Dieu se manifestaient dans toute leur simplicité naïve. »

VIII

Cessation des menaces de siége. — Annonce de l'armistice. — Lettre de l'Archevêque au Pape. — Réponse du Pape. — Ordre donné aux religieuses Bernardines de ne pas quitter la ville. — Pieux hommages et actions de grâces de reconnaissance.

Le temps et les événements avaient marché : on s'attendait à chaque instant à voir s'abattre sur la ville, semant partout l'épouvante, la ruine et la mort, les obus prussiens, quand arriva la nouvelle de l'armistice. On vit dans ce revirement presque subit un effet manifeste de la protection divine. Plus tard, le cardinal archevêque de Cambrai, Mgr Régnier en portait le témoignage écrit aux pieds du Saint-Père dans la lettre suivante en date du 25 :

« La main du Seigneur, Très-Saint-Père, ne « s'est pas appesantie sur notre diocèse, elle « n'a fait que le toucher légèrement. Tandis « que dans les contrées qui nous avoisinent, « la guerre exerçait ses plus sanglants ravages « et que tout y était livré au fer, au feu, à

« la dévastation, les ennemis ont à peine « franchi nos limites, et ils ne les ont occupées « que très-peu de jours.

« Notre ville de Cambrai a été préservée de « toute atteinte au moment même où les ennemis « avaient commencé à investir ses remparts : « lorsqu'ils se préparaient à l'incendier, et « autant qu'il était en leur pouvoir, à la « détruire de fond en comble pour frapper « de terreur les autres places fortes du pays ; « après qu'ils eurent envoyé comme il est « d'usage en pareille circonstance, un parleme- « taire pour la sommer de se rendre sous peine « d'être immédiatement attaquée et détruite, « changeant subitement de desseins sans être « repoussés par aucune force militaire, ils « abandonnèrent leurs positions et n'ont plus « reparu depuis lors.

« Tout le monde ici Très-Saint-Père, est « persuadé, et cette persuasion est parfaitement « fondée, que si notre ville a été sauvée « ainsi et complétement préservée de la « destruction imminente qui la menaçait, nous « devons cette grâce à la Très-Sainte et Imma- « culée Vierge Marie, que nous honorons

« comme notre patronne, et dont les fidèles et « le clergé avaient au commencement de la « guerre, imploré l'assistance et la protection, « par des prières publiques et un vœu solennel.»

Il n'est pas utile de rapporter dans son entier la réponse du Saint-Père, en date du 17 mai 1871, il suffira d'en citer les passages qui ont trait à ce que Mgr Régnier lui avait écrit.

« Une double raison — disait Pie IX — nous « fait recevoir avec plaisir la lettre que vous « nous avez adressée en date de la fête de « l'Annonciation de la Sainte Vierge.

« Vous nous y apprenez en effet que votre « noble ville de Cambrai a heureusement « éprouvé, au milieu des périls de la guerre, « la puissance du patronage de cette très-Ste- « Vierge, et que l'attachement des fidèles confiés « à vos soins, pour ce siége apostolique, loin « de se ralentir est devenu plus vif en « présence des calamités que nous souffrons. »

L'Archevêque avant même qu'il écrivît au chef de l'Eglise, avait affirmé sa confiance en la protection divine, en même temps qu'il rappelait certaines de ses brebis au sentiment du devoir.

C'est ainsi qu'il s'était opposé formellement au départ des vingt-cinq religieuses Bernardines du pensionnat de Cambrai, rappelées à Esquermes, leur maison mère, en prévision d'un futur bombardement; et qu'il écrivait le 21 janvier aux religieuses du Càteau : « Soyez sans crainte, « les Prussiens n'entreront jamais dans Cambrai. »

Dieu seul connaît les maux incalculables dont notre ville fut préservée !.....

Les fidèles furent reconnaissants envers Celle qu'ils regardent comme la libératrice de la cité qui l'a toujours invoquée aux heures d'angoisse ; un acte solennel de publique gratitude eut lieu le lundi de Pâques, 10 avril 1871, le lendemain même du jour où la métropole restaurée était rendue au culte.

Une nouvelle affiche ainsi conçue s'étalait sur tous les murs de la ville :

HOMMAGE DE RECONNAISSANCE

A NOTRE-DAME-DE-GRACES.

« Aux jours du danger, Cambrai et le Cambresis ont invoqué par des prières publiques et une procession de supplication, la protection de Notre-Dame-de-Grâces.

« Durant la guerre, l'ennemi s'est mis plusieurs fois en marche contre nous, il est venu jusque sous nos murs.

« Nous avons été préservés des horreurs du siége et du bombardement, et nos campagnes ont vu se restreindre et s'arrêter inopinément les calamités ordinaires de l'invasion.

« Cambrai et le Cambresis en rendent grâce à leur patronne. »

Voici maintenant le compte-rendu de cette solennité emprunté également aux journaux de Cambrai.

LUNDI 10 AVRIL 1871, A 10 HEURES 1/2 DU MATIN, PROCESSION SOLENNELLE D'ACTION DE GRACES PRÉSIDÉE PAR MONSEIGNEUR L'ARCHEVÊQUE.

« Le cortége composé des paroisses de Cambrai et d'un grand nombre de paroisses du Cambresis, parcourra les rues de Noyon, des

Chanoines, Place Ste-Croix, petite rue Vander-Burch, Place Fénelon. Grand'rue Fénelon, rues Ste-Elisabeth, du Marché-aux-Poissons, Grand'rue Vander-Burch, rue des Fromages, Grand'Place dont il longera tous les rangs, (station à l'Hôtel de Ville, bénédiction de Monseigneur l'Archevêque) rue des Trois-Pigeons, de la Herse, Porte-Robert, Esplanade, Allée des Soupirs, rue St-Georges, rue des Liniers, Place St-Nicolas, Place St-Sépulcre. »

« — La fête du lendemain, dit l'*Emancipateur*, fut véritablement splendide, et remplit d'admiration, la ville de Cambrai et les cinquante mille étrangers qui s'y étaient donné rendez-vous dans un but de pieux pèlerinage.

« Dès le matin à la première heure du jour, Cambrai était littéralement envahi par les pèlerins venus des villages les plus éloignés de Cambrai, et qui, tous, se rendaient directement au pied du sanctuaire de Notre-Dame-de-Grâces, pour y accomplir leurs dévotions avant de faire partie de son cortége d'honneur.

« Dans toutes les rues de la cité régnaient une activité et une animation admirables.

Sur tout le parcours que devait suivre la procession, on dressait des mâts, on tendait des guirlandes, on construisait des arcs de triomphe.

« Les maisons particulières se couvraient de tentures et de bannières.

« La ville était occupée à le métamorphoser en voie triomphale.

« A dix heures les groupes prenaient les positions qui leur avaient été indiquées, avec une entente parfaite.

« Nos lecteurs n'attendent pas de nous une description complète des différents groupes dont se composait cette immense procession qui comptait environ vingt-cinq mille personnes et dont on se fera une idée quand nous aurons dit que les groupes de pèlerins marchaient ordinairement sur dix personnes de front, et que pourtant le cortége mettait cinq quarts d'heure à passer devant un même point.

« Néanmoins, nous ne pouvons résister au désir de mentionner quelques groupes qui attiraient plus particulièrement l'attention.

« Tels étaient, par exemple, le groupe qui précédait la paroisse de Wambaix, et qui avec ses lances aux couleurs pontificales, semblait destiné à former la garde d'honneur du cortége.

« Les communes de Walincourt, de Villers-Outréaux, de Thun-St-Martin, de Thun-Lévêque, de Séranvillers, comme la première, remarquables par leur pieuse attitude et par le nombre de fidèles qui les représentaient.

« Les groupes de jeunes filles des paroisses de Sailly et de Raillencourt édifiaient par leur bonne tenue. Le nombre des pèlerins de ces communes était considérable.

« Nous en dirons autant de la paroisse de Rumilly.

« Rieux se distingua par ses jeunes vierges vêtues de blanc et couronnées d'or, autant que par l'affluence de ses habitants.

« Proville charme les yeux et le cœur par son groupe de Sainte-Catherine composé de jeunes filles portant de magnifiques bannières et des palmes d'or.

« Paillencourt mériterait un compte-rendu

spécial dans lequel nous pourrions décrire les splendides bannières, brodées, sans aucun doute, par les mains des pieuses châtelaines du village.

« Nous parlerions avec plaisir des bannières de la Charité et de Sainte-Madeleine ; nous dirions les magnifiques groupes de jeunes filles parmi lesquelles nous distinguerons celle qui, par sa charité et sa piété, est le modèle et l'édification du pays. Nous serions autorisés à parler de la beauté des chants dont ce groupe faisait retentir les rues de notre cité.

« Nous aurions surtout des éloges pour ces nombreux groupes d'hommes portant avec piété et recueillement les bannières de Saint-Georges et du Saint-Sacrement ; mais ces détails nous conduiraient trop loin.

« Voici maintenant la paroisse de la Neuville-St-Rémy, formant un des groupes les plus frais et les plus gracieux de cet immense cortége. Ses petits enfants reliés à la statue de l'enfant Jésus par des rubans aux couleurs variées, précèdent les élèves de l'école des Frères, tous revêtus uniformément de tuniques de soie bleue, serrées par des ceintures blanches. Ils portent l'enfant Jésus au berceau.

« Viennent ensuite les jeunes filles de la paroisse toutes en blanc ; elles entourent les bannières magnifiques de Notre-Dame-de-Grâces et de l'Immaculée Conception, et font entendre des chœurs justement remarqués.

« Puis vient M. le curé suivi d'une foule considérable des habitants de sa paroisse, parmi lesquels nous remarquons les membres d'une famille dont l'exemple produit tant de bien dans le pays.

« Niergnies se présente aussitôt avec moins de splendeur sans doute, mais non moins de piété ; nous y avons remarqué un joli groupe de l'Immaculée Conception. Beaucoup d'hommes dans une tenue excellente suivent cette paroisse, oubliant tout faux respect humain.

« Masnières arrive ensuite avec de superbes groupes de jeunes filles revêtues de tuniques bleues ou roses d'un effet des plus agréable.

La Sainte-Enfance est aussi représentée.

« Voici maintenant Notre-Dame-du-Rosaire,

portée par les jeunes filles de Marcoing. C'est dans cette paroisse que nous avons vu figurer le premier groupe de jeunes filles en noir avec des voiles blancs. Nous avons attaché à ce groupe une idée symbolique qui a été sans doute dans la pensée de son organisateur. Nous avons cru y voir un souvenir touchant des douleurs, individuelles sans doute, mais sensibles pourtant, que la guerre a infligées à certaines familles de ce pays. Cette pensée, reportée vers ceux qui souffrent au milieu de la joie générale, nous a tout particulièrement touché.

« Arrêtons-nous un moment pour admirer la superbe ordonnance de la procession d'Iwuy, qui occupe sans aucun doute, la première place parmi les paroisses rurales, par la splendeur et l'ordre de son cortége.

« Après un groupe de jeunes filles en noir portant une première bannière de la Sainte-Vierge, s'avance un second groupe également en noir, mais avec voiles blancs et rubans bleus et portant une bannière de l'Immaculée Conception.

« D'autres jeunes filles en blanc avec manteaux bleus se pressent autour d'une bannière d'or, au milieu de laquelle nous admirons une reproduction des plus artistiques de la Madone de Cambrai, de Notre-Dame-de-Grâces.

« Ensuite, qui ne se sentirait ému à la vue de ce groupe composé de presque toutes les jeunes filles du village en costume noir et portant les insignes des enfants de Marie.

« Un grand nombre de corbeilles de fleurs, portées sur des hampes, semblaient dominer tout ce groupe et formaient un ensemble des plus gracieux. Cette heureuse idée nous paraît avoir été empruntée aux grandes processions flamandes et en particulier à celle du Saint-Sang de Bruges.

« Tout cela était beau et touchant, mais ce qu'il y avait de plus remarquable assurément dans ce groupe pieux, c'est le magnifique ex-voto, que la paroisse d'Iwuy apportait à Notre-Dame-de-Grâces : c'était un énorme cœur d'argent sur lequel était gravé cette inscription :

A NOTRE-DAME-DE-GRACES. IWUY RECONNAISSANT.

« Ensuite l'on voyait la bannière de Saint-Waast, les bannières et les jeunes associés de la Sainte-Enfance, et enfin le groupe du Sacré-Cœur.

« Il est certain qu'en évaluant à trois mille le nombre des fidèles qui ccmposait cette députation, on ne dépasse pas les limites de la vérité.

« Après cela venait Haynecourt, avec de magnifiques statues et des groupes de la plus grande fraîcheur portant la bannière de la Vierge immaculée.

« Puis c'était Fressies, portant une superbe bannière de l'Immaculée Conception, et représenté surtout par le groupe imposant de la confrérie de Saint-Joseph, dont la statue était portée par les hommes de la paroisse en très-grand nombre, tous dans une tenue excellente.

« Fontaine-Notre-Dame, fier de son titre avait déployé les bannières de Saint-Roch, de Saint-Martin et de Saint-Aubert, portées par des hommes très-nombreux et dans le meilleur ordre.

« Les jeunes filles en blanc avec écharpes d'or, entouraient une splendide bannière de la Sainte-Vierge. Nous avons remarqué encore dans cette paroisse un joli groupe de la Sainte-Famille, une belle allégorie de l'Ange gardien, un Saint Joseph, très-remarquable, la bannière de Notre-Dame-du-Rosaire et celle du Saint-Sacrement, et comme cortége, des groupes nombreux de jeunes filles vêtues de blanc et ornées d'écharpes aux couleurs variées.

« Venait ensuite Estrun, avec un groupe charmant de la Sainte-Enfance, et de superbes bannières. Une très-belle statue de la Sainte-Vierge devant laquelle se trouvaient déposées de magnifiques corbeilles de fleurs, était entourée de jeunes filles chantant des cantiques.

« Eswars avait amené ses enfants de Marie portant de nombreuses bannières.

« Estourmel avait un groupe de jeunes filles en noir avec voiles blancs, et des groupes blancs portant les bannières de Saint-Joseph et de Notre-Dame-de-Grâces.

« Esnes, malgré son éloignement était venu, et la bannière de l'Immaculée Conception qui appartient à cette paroisse, ainsi que la bannière de Saint-Pierre, entourées de nombreux fidèles, disaient la reconnaissance de cette belle et pieuse paroisse.

« Escaudœuvres, n'avait pas voulu être dépassé en splendeur. Aussi avons-nous admiré ses bannières de la Sainte-Enfance, les groupes d'enfants portant des fleurs et des rameaux d'or, son groupe symbolique des trois Vertus théologales, ses anges gardiens, ses jeunes filles portant le lys virginal, les dames d'honneur en grands manteaux bleus, entourant l'Immaculée Conception, et enfin, surtout peut-être, les Petites Sœurs des Pauvres et leurs pensionnaires.

« Il faudrait ensuite nommer Crèvecœur avec ses bannières de Saint-Roch, de Saint-Nicolas et de Saint-Joseph, et son groupe de Notre-Dame-des-Victoires.

« Cauroir avec sa belle bannière de la Vierge.

« Cattenières, avec son gracieux groupe de jeunes filles portant la bannière de Notre-Dame-du-Rosaire.

« Carnières, avec sa nombreuse députation.

« Cagnoncles, avec ses groupes si frais et ses bannières de la Sainte-Enfance, de l'Immaculée Conception, du Sacré-Cœur.

« Blécourt, avec de nombreux groupes et des bannières très-riches.

« Bantigny, non moins remarquable et marchant sous l'égide de Sainte Catherine, et de Sainte Face.

« Abancourt et ses pèlerins si édifiants par leur nombre et leur piété, la bannière du Saint-Sacrement et les bannières de la Sainte-Vierge entourées de jeunes filles de la paroisse.

« Nous serions amenés à parler de la paroisse de Saint-Druon, faubourg de Cambrai, dont les groupes allégoriques étaient si touchants : ses anges gardiens, ses pasteurs, ses rois mages, son petit Saint-Jean-Baptiste, ses moissonneurs, puis les groupes de la Sainte-Enfance, les jeunes filles revêtues des costumes les plus riches et les plus frais, les Vertus théologales, les corbeilles de fleurs, la statue de la Sainte-Vierge dominant le tout ; c'était un ensemble à la fois splendide et religieux des plus touchant.

« Nous arrivons, après des omissions involontaires sans doute, aux paroisses de Cambrai.

« Mais ici l'impossibilité commence. Pouvons-nous, en effet, chercher à retracer les magnificences déployées par la paroisse Saint-Géry ? Ses bannières si riches et si gracieuses, son groupe d'Enfants de Marie si recueilli et si pieux.

« Comment parler de ce groupe formé par le pensionnat des demoiselles Fourmeaux dont la tenue était si modeste et si convenable ?

« La musique municipale qui a prêté à cette cérémonie un concours des plus louables, venait ensuite et ne ménageait pas ses accords et ses symphonies.

« La paroisse Notre-Dame, elle surtout, avait mis au jour toutes ses splendeurs et nous ne pouvons essayer d'en donner une idée même incomplète.

« Le Petit Séminaire portait des banderoles et des écussons rappelant les dates principales de Notre-Dame-de-Grâces de Cambrai ; à sa suite marchait la Confrérie du Rosaire vivant, puis la bannière de Saint-Vincent-de-Paul avec les enfants de l'hospice.

« Un des groupes les plus gracieux était assurément celui que formaient les enfants de

Vander-Burch reliées à Notre-Dame-de-Grâces et aux armes de la ville par une immense chaîne d'or.

« Bornons-nous maintenant à une simple énumération et citons de mémoire :

« L'école mutuelle avec la statue de Notre-Dame du Sacré-Cœur.

« Le pensionnat de Mlle Bourgeois en blanc et portant la bannière de la Vierge.

« Les dames de la Sagesse et leurs élèves portaient la statue de Notre-Dame du Rosaire et les bannières des Mystères.

« La bannière de Notre-Dame-de-Grâces, offerte par la ville de Valenciennes et portée par des jeunes filles de cette ville.

« Le pensionnat de Mlle Peinte en blanc avec des écharpes et des tuniques roses, portant des fleurs et la statue de l'Immaculée Conception.

« La statue de la Sainte-Vierge avec un groupe immense d'Enfants de Marie et des jeunes filles aux manteaux et aux écharpes d'or.

« Des élèves du pensionnat Saint-Bernard

vêtues de blanc et portant des écharpes d'argent.

« Une multitude de dames de la ville récitant le chapelet.

« Enfin, les demoiselles d'honneur de Notre-Dame-de-Grâces magnifiquement revêtues de robes blanches traînantes, de manteaux et d'écharpes en moire d'argent.

« Après cela venaient le Grand-Séminaire, le clergé, le chapitre métropolitain et la Sainte Image que suivait sa Grandeur Monseigneur l'Archevêque, distribuant à tous sa paternelle bénédiction.

« Cet immense cortége, évalué, comme nous l'avons dit plus haut à vingt-cinq mille personnes, se frayait à peine passage au milieu de la foule empressée et respectueuse qui encombrait les rues et les places sur son parcours.

« Nous avons entendu affirmer qu'il y avait à Cambrai ce jour-là cinquante mille étrangers et nous croyons à ce chiffre.

« Il ne peut nous venir à la pensée de

décrire les différents arcs-de-triomphe qui décoraient la ville, il nous suffira de citer :

« Celui qui était élevé dans la rue de Noyon et que surmontait une gigantesque image de Notre-Dame-de-Grâces.

« Celui de la rue des Chanoines.

« Celui de la rue de la Herse, si gracieux et si hardi à la fois.

« Puis, celui de la rue Saint-Georges.

« Enfin, le calvaire tout simple dressé sur la place Sainte-Croix.

« Les rues étaient superbement ornées, chaque maison, chaque appartement avait sa tenture et sa bannière.

« Le cortége sorti à onze heures précises, rentrait à la métropole à deux heures et demie sans avoir fait d'autre station que celle de la place pour la bénédiction que Monseigneur donna du haut du perron de l'hôtel de ville. à la foule dévotement agenouillée.

« L'émotion était générale, surtout quand la Sainte Image revint prendre place dans la chapelle d'où elle avait été bannie depuis si longtemps.

« La foule s'écoula alors pour se réunir de nouveau le soir autour de la chaire de vérité d'où M. le vicaire général Monnier, devait pour couronner la solennité, rendre un magnifique hommage à l'auguste Patronne de Cambrai.

« Cette fête mémorable n'amena dans la ville, malgré l'immense agglomération de monde, aucun désordre, aucune surexcitation. La piété la plus édifiante ne cessa de régner dans la cité de la Vierge pendant toute la journée consacrée à sa bien aimée protection. »

— Nous bornerons ici le récit que nous avons emprunté au journal l'*Emancipateur*.

Nous ne parlerons pas de l'habitacle dans lequel se trouve placée la sainte image de Notre-Dame-de-Grâces, il suffit de le voir dans la métropole pour en apprécier la richesse, la finesse de sculpture et la forme élégante.

Nous ne parlerons pas non plus des deux lampadaires promis solennellement, pendant le triduum de prières, par un vœu exprès, et sur lesquels sont inscrits les noms des paroisses qui ont assisté à la procession ; ils sont en vermeil et se trouvent exposés aux yeux de tous, dans la métropole également, vis-à-vis l'autel de la Vierge.

Mais nous ajouterons qu'une médaille commémorative a été frappée au nom de la ville de Cambrai, à la gloire de Notre-Dame-de-Grâces et en reconnaissance du bienfait qu'elle en a reçu : nous rappellerons que les trois dates indiquées sur le revers, 12 Novembre 1870, 22 Janvier 1871, 10 Avril 1871, sont celles, d'abord où la promesse d'un ex-voto a été faite dans la métropole, ensuite celle où s'est présenté dans la ville un parlementaire prussien pour la sommer de se rendre, et enfin celle de l'immense procession d'action de grâces dont nous venons de donner la description.

XI

DOCUMENTS OFFICIELS

Pour ne pas interrompre trop fréquemment notre récit par la citation de pièces officielles, nous avons réuni dans un dernier chapitre tous les documents émanant de l'autorité municipale de Cambrai, et relatifs au triste sujet que nous avons traité.

— Nous, maire de la ville de Cambrai,

Considérant que dans les circonstances actuelles il y a lieu de prendre toutes mesures propres à assurer l'alimentation des habitants de la cité.

ARRÊTONS :

ART. 1er. La sortie des bêtes à cornes est complétement interdite.

Art. 2. Le commissaire central de police et le préposé en chef de l'octroi sont chargés d'assurer l'exécution du présent arrêté.

Cambrai, le 4 septembre 1870.

J. Brabant.

AVIS

Le maire de la ville de Cambrai, informe ses administrés que pour faciliter les approvisionnements de la ville, le colonel commandant la Place a décidé que les portes de la ville resteraient ouvertes de cinq heures et demie du matin à sept heures du soir et que, à partir de ce moment, la circulation des voitures pour le service du chemin de fer n'aurait lieu que par la porte Notre-Dame.

Même date.

Nous, maire de la ville de Cambrai,

Considérant que dans les circonstances actuelles, il y a lieu de prendre toutes les mesures propres à assurer l'alimentation des habitants de la cité :

Arrêtons :

Art. 1er. — Il est interdit de transporter à l'extérieur de la Place le sel qui s'y trouve.

Art. 2. — Le commissaire central de police et le préposé de l'octroi, sont chargés d'assurer l'exécution du présent arrêté.

Même date.

RÉPUBLIQUE FRANÇAISE

Mairie de Cambrai

Chers Concitoyens,

Les graves événements qui se sont produits ont déterminé le comité de la défense nationale à modifier le pouvoir municipal.

La responsabilité attachée au mandat qui nous était confié nous faisait un devoir de l'accepter, mais aussitôt l'imminence du danger éloigné, nous déposerons nos pouvoirs entre les mains du peuple.

Pour remplir notre mission, nous avons besoin de rester unis et nous faisons avec confiance appel à votre patriotisme.

Du courage donc et de la fermeté, chers concitoyens ; point de folles terreurs ni d'exaltation stérile ; soyons calmes devant le danger et Dieu sauve la France.

Vive la République !

Le maire, Bertrand-Milcent.

Edouard Parsy, Jules Mallet,

Boileux, Brunelle, Brunel-Painart, Bureau-Pèlerin, Chantreuil, Christian, Cirier, Cornaille-Leroy, Danquigny-Mallet, Dazin, Delambre fils, Delaporte fils, Dubois-Ancelin, Dutemple, Galland-Ruskoné, Lallier Alphonse, Lancelle, Lantoine, Leroy-Lallier, Mollet François, Pagniez-Delloye, Savary, Wiart-Pinquet, Wiart.

(Publié entre le 6 et le 8 septembre).

AVIS

Afin de ne pas multiplier les causes d'incendie dans le cas où la ville aurait à subir un siége, le maire de Cambrai engage ses administrés à ne pas accumuler outre mesure dans leurs greniers et magasins, les pailles, les fourrages, les bois et autres corps de même nature facilement inflammables que les circonstances actuelles peuvent faire affluer dans la ville.

Il serait plus prudent d'en faire des dépôts isolés.

8 septembre.

Le maire de Cambrai invite instamment ses administrés à envoyer pour les blessés, au buffet disposé à cet effet à la gare, des provisions de toute nature telles que vin, bouillon, café, sucre, eau-de-vie, chocolat, viande, tabac, etc.

Le passage de nombreux blessés est signalé, le buffet est presque vide, nos malheureux soldats auront sans nul doute besoin d'être soulagés et réconfortés, il est donc urgent d'adresser sans retard, les offrandes à M. le chef de gare qui veut bien se charger de faire la distribution.

15 septembre.

Nous, maire de la ville de Cambrai.

Considérant que les habitants des faubourgs sont détenteurs d'échelles très-longues, lesquelles en cas d'investissement de la Place, offriraient un danger réel, si elles tombaient au pouvoir de l'ennemi ;

Vu les dépêches de M. le sous-préfet et de M. le colonel commandant la Place qui appellent notre attention sur ce point ;

ARRÊTONS :

ART. 1er. Tous les citoyens de la banlieue qui possèdent des échelles d'une hauteur de plus de quatre mètres devront, sous 24 heures, les déposer chez le concierge du Musée, rue du Temple, qui leur en donnera récépissé.

ART. 2. Passé ce délai, les échelles dépassant la mesure indiquée seront saisies par M. le commissaire central qui dressera procès-verbal.

ART. 3. Ces échelles seront, après la guerre, remises à leurs propriétaires.

En l'hôtel de ville à Cambrai, le 16 septembre.

AVIS

Bien que l'ennemi ne paraisse pas actuellement menacer notre ville, le maire de Cambrai croit devoir conseiller à ses concitoyens de prendre certaines précautions et mesures d'approvisionnement.

Il serait bon notamment que chaque famille se munît de la quantité de farine qui lui serait nécessaire pendant au moins un mois.

27 septembre.

Le maire de Cambrai informe ses concitoyens que dans sa séance d'hier la commission municipale a décidé l'émission de bons municipaux de 1, 2, 5 et 10 francs.

Ces bons de monnaies divisionnaires ne sont émis par la commission spéciale à la caisse municipale que contre dépôt de somme équivalente en billets de banque.

Tout porteur de 1,000 francs de coupures divisionnaires pourra les échanger à vue et sans frais contre un billet de la banque de France, de même valeur.

Le bureau spécial ne prend l'engagement de rembourser les bons municipaux, en coupons de billets de banque moindres de 1,000 francs, qu'autant qu'il en aura à sa disposition.

En conséquence, les personnes qui désireraient obtenir de ces bons divisionnaires, pourront s'adresser à M. Delattre, receveur municipal, rue Saint-Fiacre, 30 bis, à partir de jeudi 29 de ce mois.

Le bureau sera ouvert de 9 heures du matin à midi et de deux heures à cinq heures du soir.

27 septembre.

Le maire de Cambrai croit devoir donner à ses concitoyens quelques explications sur l'émission des bons municipaux.

Cette mesure que beaucoup d'autres villes viennent d'adopter avec un plein succès, réclamée chez nous par des commerçants, par des industriels, a pour but de remédier à la gêne causée par la pénurie momentanée du numéraire.

C'est un moyen de fractionner les billets de banque de mille francs, avec lesquels ne pourrait s'effectuer le paiement des sommes minimes, des salaires notamment.

Quelle que soit toutefois l'utilité de ces bons, il faut que l'on sache bien qu'ils n'ont à aucun degré le cours forcé, comme plusieurs personnes paraissent le croire. La municipalité ne peut, par son silence, laisser cette erreur s'accréditer.

Personne ne saurait être contraint de les accepter en paiement ; mais, si ce n'est pas une obligation de les recevoir, il est bien certain qu'ils ne seront nulle part refusés et que chacun se prêtera volontiers à leur circulation facile. Ils offrent d'ailleurs la plus complète sécurité car leur meilleure garantie c'est que leur valeur sera toujours réprésentée par des billets de banque en caisse pour une somme égale.

Dès que le numéraire reparaîtra en plus grande abondance, ces bons seront aussitôt remboursés en espèces. En attendant ils recevront partout bon accueil. Messieurs les banquiers de la ville ont tous donné l'assurance formelle que dans les recouvrements qu'ils auront à opérer, les bons municipaux seront reçus par eux comme argent ; bien plus, ils s'empresseront de les échanger comme le bureau spécial lui-même, contre des billets de banque pour des sommes moindres de mille francs, toutes les fois qu'ils en auront la possibilité.

28 septembre.

VILLE DE CAMBRAI.

Des personnes animées de sentiments anti-patriotiques répandent, paraît-il, dans les cafés et estaminets où se rendent les Gardes-Mobiles, le bruit que la ville est décidée à n'opposer aucune résistance à l'ennemi s'il se présentait devant nos murs et cherchent par là à semer le découragement dans la garnison.

Le maire de Cambrai, au nom de la municipalité, vient protester contre ces insinuations calomnieuses et infâmes ; il engage les militaires que l'on chercherait à détourner de leurs devoirs, à s'emparer de ceux qui leur tiendraient ce langage honteux et anti-français, pour les livrer à la rigueur des lois militaires.

La municipalité croit être l'interprète des sentiments de tous les habitants en déclarant que la population fera son devoir, quoi qu'il arrive et conservera à la ville de Cambrai un nom à l'abri de toute souillure de lâcheté.

Les propriétaires des cafés et estaminets où se réunissent les soldats de la garnison, sont aussi prévenus que leurs établissements seraient immédiatement fermés, s'ils toléraient quelque embauchage dans un esprit de trahison ou de défaillance.

4 novembre.

VILLE DE CAMBRAI.

Le corps des Canonniers de la Garde nationale est actuellement formé de deux batteries ;

La première comprend les volontaires de moins de 21 ans et de plus de 40 ans ;

La deuxième, des célibataires et des veufs sans enfants mobilisables, âgés de 21 à 40 ans ;

Une troisième batterie va être organisée. Elle comprendra les Gardes nationaux mobilisables mariés ou veufs avec enfants, de 21 à 40 ans.

Les demandes d'inscription sont reçues à la Mairie, bureau de la Garde nationale.

10 novembre.

VILLE DE CAMBRAI.

La rupture des négociations relatives à l'armistice va être suivie probablement de la continuation d'une guerre à outrance, et on doit s'attendre à voir bientôt une armée Allemande se diriger sur le département du Nord.

La ville de Cambrai en ces graves conjectures peut recevoir dans son enceinte les bestiaux de la contrée environnante ainsi que les céréales et les légumes secs.

Les cultivateurs sont invités à les y amener afin d'éviter soit les déprédations de l'ennemi, soit la destruction qui pourrait même devenir une nécessité de la part des Français pour faire le vide autour des troupes envahissantes, comme cela a eu lieu devant Paris.

Cette précaution constituera un acte de patriotisme, en même temps qu'elle sauvegardera les intérêts des habitants de la campagne. exposés à tout perdre par le pillage.

De vastes emplacements seront assignés, dans l'intérieur des remparts pour parquer les bestiaux ; des écuries seront disposées pour recevoir les vaches laitières et des abris en planches pour les autres bestiaux.

Les propriétaires d'animaux devront déclarer sans retard à l'hôtel de ville, bureau militaire, le nombre de têtes qu'ils comptent amener en ville et faire aussi connaître approximativement, les quantités de fourrages et denrées diverses qui seront nécessaires à la nourriture de ces animaux pendant un certain temps.

L'apport des dits approvisionnements devra précéder ou, au moins, accompagner les troupeaux.

Même date.

Nouvelle publication de l'avis du 8 septembre.

VILLE DE CAMBRAI.

Le maire de Cambrai donne avis au public que pour familiariser l'artillerie de la Place avec le tir réel des pièces qu'elle sera appelée à servir, un exercice à poudre aura lieu après-demain jeudi, de midi à 2 heures.

15 novembre.

Vu le grand nombre de troupes arrivées depuis quelques jours dans la Place, les habitants sont prévenus qu'ils doivent conserver jusqu'à nouvel ordre, les militaires qu'ils logent en ce moment.

L'administration municipale fait actuellement toutes les démarches nécessaires pour arriver à la prompte exonération de cette charge.

27 novembre.

Par arrêté préfectoral du 26 de ce mois, les Gardes nationaux mobilisés de l'arrondissement doivent arriver au nombre de 4,000, demain, dans notre ville où il sera procédé à leur organisation.

Les casernes étant complétement occupées,

le maire de Cambrai prévient ses concitoyens qu'ils auront à loger nos jeunes compatriotes jusqu'à leur départ pour Lille où ils seront dirigés prochainement ; il compte sur le patriotisme de tous les habitants et, en conséquence, il espère que chacun comprenant la situation aucune réclamation ne se produira.

30 novembre.

Les nombreuses troupes qui passent journellement dans notre ville nécessitant le logement au-delà des ressources ordinaires de la ville, le maire de Cambrai prie instamment les personnes qui ont des locaux spacieux de vouloir bien les faire connaître à la Mairie, pour qu'ils soient utilisés au besoin.

6 décembre.

Nous, maire de la ville de Cambrai.

Vu notre arrêté du 30 novembre dernier qui incorpore un certain nombre de Gardes nationaux dans l'arme de l'artillerie ;

Considérant que ce nombre est tout-à-fait insuffisant et qu'il importe au surplus, que tous les citoyens d'une place de guerre soient exercés à la manœuvre du canon ;

ARRÊTONS :

ART. 1er. — Notre arrêté sus-visé est rapporté.

ART. 2. — M. le chef de légion prendra ses dispositions pour exercer tous les Gardes nationaux, hormis les sapeurs-pompiers, aux manœuvres de l'artillerie.

10 décembre.

Le maire de la ville de Cambrai est heureux de faire savoir à la classe ouvrière ou peu aisée de la population, que l'organisation des FOURNEAUX ÉCONOMIQUES dus à l'initiative de personnes charitables (1) aidées du concours de la municipalité qui a bien voulu subvenir aux frais de premier établissement, est sur le point d'être complétée. Il espère les faire fonctionner au commencement de la semaine prochaine dans le local construit à cet effet rue du Temple, cour de l'école de dessin.

(1) A la tête desquelles était le maire lui-même, M. Bertrand-Milcent.

Les aliments chauds y seront distribués par *portions* et *demi-portions*.

La portion qui sera délivrée au prix de 0 fr. 25 c., se composera de :

1° Un demi-litre de potage gras avec pain ;

2° Cent grammes environ de viande ;

3° Une forte cuillerée (à pot) de légumes, pommes de terre, pois, haricots.

La demi-portion dont le coût sera de 0 fr. 10 c., comprendra :

1° Un demi-litre de potage gras avec pain ;

2° Une demi-cuillerée de légumes.

La distribution aura lieu de 11 heures et demie à 1 heure.

Il sera créé des bons que les personnes charitables pourront acheter pour les distribuer aux familles nécessiteuses.

Les bons de *portions* entières coûteront 25 fr. le cent.

Les bons de *demi-portions*, 10 fr.

Les personnes qui désireraient venir en aide à cette œuvre éminemment philanthropique et si utile dans les tristes circonstances que nous traversons, sont priées de le faire savoir à la Mairie, pour que la liste de souscription leur soit présentée ; leur concours sera accepté avec reconnaissance.

Un avis fera connaître le jour de l'ouverture des fourneaux.

4 janvier 1871.

Les fourneaux économiques fonctionneront dès samedi 14 janvier.

La distribution aura lieu de 11 heures et demie à 1 heure.

Les personnes qui désirent acheter des bons de *portions* ou *demi-portions*, pourront s'en procurer à l'établissement, rue du Temple (ancien Saint-Julien), tous les jours, de neuf à onze heures du matin et de trois à quatre heures du soir (1).

(Sans date.)

Le maire de Cambrai a le regret d'informer

(1) Depuis leur fondation les fourneaux économiques n'ont pas cessé de fonctionner chaque hiver.

ses concitoyens, qu'une dépêche du général en chef de l'armée du Nord, prescrit une nouvelle et complète inondation.

En conséquence, il invite les personnes intéressées à prendre immédiatement les dispositions qu'elles jugeraient nécessaires.

15 janvier.

En prévision des batailles qui pourraient se livrer dans nos environs, l'Administration municipale croit devoir prendre toutes les mesures propres au soulagement des pauvres blessés, que nous pouvons être appelés à recevoir dans notre ville.

En conséquence, les hôpitaux sont disposés et des ambulances vont être créées par les soins de l'autorité militaire; mais afin d'éviter une accumulation si fatale aux malades, le maire de Cambrai fait appel au patriotisme de ses concitoyens et il les invite instamment à recevoir chez eux un certain nombre de ces intéressantes victimes de la guerre.

Toutes les personnes qui sont disposées à remplir cet acte d'humanité sont priées de se faire inscrire à la Mairie et d'indiquer le nombre de lits qu'elles destinent à nos braves blessés.

L'Administration recevra également avec gratitude les lits et literies, que les habitants voudraient bien mettre à sa disposition pour les ambulances.

15 janvier.

Le maire de la ville de Cambrai porte à la connaissance du public que, par décision du général commandant supérieur, les portes de la ville seront fermées, à compter d'aujourd'hui et jusqu'à nouvel ordre, à six heures du soir.

17 janvier.

Nous, maire de la ville de Cambrai,

Vu la loi du 21 mars 1832, sur le recrutement de l'armée,

Vu le décret du Gouvernement de la Défense nationale du 5 janvier 1871 ;

Invitons les jeunes gens nés en 1851, à se présenter dans les quarante-huit heures à la

Mairie, bureau militaire, à l'effet de se faire inscrire sur les tableaux de recensement de la classe 1871.

Les jeunes gens étrangers à la ville de Cambrai, devront être porteurs de leur acte de naissance.

Les pères, mères ou tuteurs devront se présenter pour leurs enfants ou pupilles en résidence dans une autre commune.

Le bureau est ouvert tous les jours de neuf heures du matin à quatre heures du soir.

17 janvier.

En raison de l'impossibilité où se trouve l'autorité militaire de loger dans les casernes toutes les troupes en garnison en cette ville, le maire de Cambrai, invite les habitants qui ont logé des Gardes-Mobiles les 16 et 17 de ce mois, à les conserver jusqu'à nouvel ordre.

18 janvier.

Avis du maire, 21 Janvier.

(Voir chapitre VI, page 98).

Proclamation du général, 22 janvier.
(Voir même chapitre, page 97).

Un certain nombre de militaires sont depuis quelques jours logés irrégulièrement chez l'habitant.

Afin de remédier à cet état de choses qui empêche tout contrôle, le maire de Cambrai invite ses concitoyens à congédier immédiatement les militaires qu'ils ont encore chez eux, ces militaires devant être remplacés par d'autres pourvus de billets de logement régularisés et estampillés du cachet de la Mairie.

24 janvier, 8 heures du matin.

Le maire de Cambrai a l'honneur de porter à la connaissance du public, que par ordre de M. le général commandant supérieur, les portes de la ville seront, à compter d'aujourd'hui, ouvertes à 6 heures du matin et fermées à 10 heures du soir.

31 janvier.

Un avis semblable en date du 1er février annonce que l'ouverture des portes est avancée d'une heure (cinq au lieu de six).

Le maire de la ville de Cambrai porte à la connaissance de ses administrés qu'en exécution des ordres de M. le général commandant la subdivision, à compter d'aujourd'hui les portes de la ville resteront ouvertes toute la nuit.

14 mars.

Lorsque les premiers officiers qui revenaient d'Allemagne sont arrivés à Cambrai, il leur a été délivré sur la demande de l'autorité militaire, des billets de logement en permanence, car on ne savait pas encore dans quelle situation ils se trouvaient.

Depuis quelques jours leur position étant dessinée, les billets de logement ne sont plus délivrés que pour trois nuits à ceux qui journellement arrivent dans nos murs.

Toutefois, le maire compte sur le patriotisme et la sympathie de ses concitoyens, de ceux surtout qui ont un local disponible ; et il les engage à conserver ces officiers jusqu'au moment de leur départ, attendu que vu leur grand nombre il leur est impossible de trouver des logements en ville.

Il serait fâcheux que ces officiers si longtemps captifs ne trouvassent pas en rentrant dans leur patrie un accueil bienveillant et une hospitalité cordiale.

13 avril.

La monnaie divisionnaire étant redevenue abondante, les bons municipaux qui avaient été créés pour la remplacer, n'ont plus d'utilité. En conséquence, les personnes qui en auraient en leur possession sont priées de les présenter au receveur municipal, rue Saint-Fiacre, 30 bis, qui en opérera le remboursement, quel qu'en soit le montant, tous les jours non fériés de neuf heures du matin à midi et de deux heures à cinq heures du soir.

Le public est aussi informé que le contrôle de ces bons devant avoir lieu aussitôt après le 15 mai prochain, ils cesseront d'avoir cours à dater de cette époque.

Il est donc indispensable de les faire échanger d'ici là.

14 avril.

BERTRAND-MILCENT.

Le maire de Cambrai a l'honneur de porter à la connaissance de ses concitoyens la décision suivante :

ORDRE DE LA PLACE.

Les travaux du désarmement partiel de la Place étant terminés, le colonel commandant la Place, cédant au vœu général, autorise comme avant la guerre, du réveil à la retraite, le libre parcours du terre-plein des remparts, au public, qui devra s'abstenir de gravir les talus, de circuler sur les banquettes et les plongées et de s'approcher des pièces destinées à rester encore en batterie.

Les consignes sont modifiées en conséquence.

14 septembre.

Le Colonel Commandant la Place :

BOURBOULON.

Le Maire de Cambrai,

ED. PARSY.

PIÈCES JUSTIFICATIVES

A. — Page 1.

« Les renseignements que nous recevons de tous côtés « sur la bataille de Saint-Quentin, — disait l'*Indépendance* « *Belge*, — confirment l'appréciation succincte du général « Faidherbe : « non il n'y a pas eu de déroute. »

« Les officiers que nous avons vus ce matin (vendredi « 20 janvier), — dit le *Mémorial de Lille,* — sont unanimes « à protester contre l'opinion qui tend à s'accréditer, que la « bataille de Saint-Quentin a été suivie d'une déroute. Il y a « eu une retraite, mais rien qui ressemble à une déroute. »

— Les forces mises en ligne par l'ennemi dans cette bataille sont estimées à environ 100,000 hommes, tandis que les forces françaises ne dépassaient pas 25,000 hommes, selon le commandant en chef, le général Faidherbe. Selon un autre général, les Prussiens auraient été au nombre de 110,000, et les Français à peine 30,000.

L'artillerie prussienne comptait 180 canons auxquels vinrent se joindre plus tard 200 autres pièces. L'armée du Nord n'avait que 15 batteries, 12 divisionnaires et 3 de réserve, composées chacune de 6 pièces.

Nous n'aurions eu que 4,000 prisonniers, et les pertes de

8.

l'ennemi auraient été de 10,000 à 12,000 hommes tués ou blessés.

M. Constance, doyen de Vermand, fait remarquer qu'un compte-rendu de Von Gœben, commandant l'armée prussienne fixe les pertes de celle-ci à la bataille de Saint-Quentin, à 395 tués — 23 officiers et 372 soldats — et 1,977 blessés dont 63 officiers, auxquels il faut joindre 134 hommes disparus ; ce qui donne au total 2,500 hommes. Mais M. Constance ne croit pas que ce chiffre dise toute la vérité.

Un autre compte-rendu de Versailles, aussi d'origine prussienne, daté du 20 janvier, relate qu'après la prise de la station du chemin de fer de Saint-Quentin, les Allemands ont occupé la ville, y ont trouvé 2,000 blessés, pris 7,000 prisonniers valides et 6 canons. Ce rapport est inexact et exagéré de tous points.

Les habitants des localités où s'est livrée la bataille portent à 19,000 le nombre des Prussiens mis hors de combat, dont 9,000 tués. Ils ajoutent que du côté des Français on ne compte que 3,000 hommes tués ou blessés et 2,500 prisonniers.

Toutes les pièces de notre artillerie mises en batterie ont été ramenées intactes à Cambrai avec leurs caissons : les canons français que Guillaume prétend avoir été pris par ses troupes sont deux petites pièces de campagne qui ne faisaient point partie des bouches à feu dont nous nous sommes servis : l'une avait été laissée démontée dans un fossé près de l'abreuvoir de Vermand ; l'autre encore en état de servir, était assez petite pour être portée à l'épaule.

Ces faits qui se trouvent relatés dans l'ouvrage du général Faidherbe, nous ont été affirmés par des témoins oculaires.

A la suite de ces détails statistiques on lira, croyons-nous, avec intérêt l'appréciation d'un chef allemand sur notre armée :

« Le dernier officier prussien que nous avons logé chez nous à Clary, — dit M. Dupas, séminariste alors dans sa famille — était bon et affable, j'en profitai pour causer avec lui, après la bataille de Saint-Quentin, de nos armes, de nos soldats et de nos pertes.

« Vos fusils, me dit-il, peuvent porter 200 mètres plus loin que les nôtres ; mais vos canons sont inférieurs à notre artillerie. Cependant Faidherbe avait de nouvelles pièces qui valaient autant et plus peut-être que celles dont nous nous servons car elles ont fait un mal immense.

« Vos mobiles font à l'armée française autant de mal que de bien — il riait en le disant et haussait les épaules — cependant, ajoutait-il, ils se sont bien battus à Saint-Quentin.

« Vos turcos, sont de fort mauvais soldats, car une fois lancés ils n'entendent aucun rappel. Mais vos troupes de ligne font bravement leur devoir.

« J'estime beaucoup vos chasseurs, malheureusement pour l'armée française les derniers avaient été pris à Amiens. » Quant aux zouaves il ne les trouvait point de son goût, leur habitude étant d'aller toujours à la bayonnette.

« Les marins — continua l'officier, faisant un pas en arrière et comme épouvanté encore — les marins jamais cela (il faisait le geste de tirer) mais ceci, et du bras il indiquait la manœuvre de la hache. Bref il avoua, sur le chapitre des pertes, que celles des Prussiens avaient été à Saint-Quentin une fois plus fortes que celles des Français. »

B. — PAGE 62.

Madame la baronne de Crombrugghe vit le 20 août, à Sarrebruck, des arbres auxquels le général Frossard avait fait attacher, pour les fusiller, des soldats qui s'étaient rendus coupables de vol au préjudice de citoyens inoffensifs. Ce souvenir ne lui inspire aucune comparaison avec la conduite ordinaire des Prussiens et elle trouve que ce sont nos Français qui leur ont donné l'exemple de la rapine (27 janvier) bien qu'elle « préfère — dit-elle — la France à tout autre pays qui n'est pas le sien » (même date).

— Alors qu'Orléans occupé par Frédéric-Charles allait être affamé par ses réquisitions sans cesse renouvelées, la municipalité crut devoir représenter au prince que si l'on ne modérait point ces contributions en nature les habitants étaient exposés à mourir de faim et de froid : « que « m'importe — répondit durement le prussien — pourvu que « mon armée et moi ayons tout ce qu'il nous faut ! »

Les dépenses journalières de sa maison s'élevaient alors à 3,000 francs. A la lueur de 300 bougies, en compagnie de ses officiers il se livrait à des orgies abrutissantes, voluptueuses, où le champagne coulait à flots et qu'il nommait des soupers.

Un officier exprima un jour devant lui quelque pitié pour cette « pauvre ville » déjà épuisée par les Bavarois.

« Pauvre ville ! reprit le prince, je parie qu'on y trouve encore 600,000 francs. » Le pari fut tenu et gagné et le 23 décembre son altesse royale Frédéric-Charles recevait la somme sans honte.

— Madame la baronne pourrait-elle nous citer de semblables faits dont nos généraux eussent à rougir ?

Nos français ont-ils jamais dans les siéges, enseveli avec préméditation sous les ruines des hospices et des hôpitaux, la population qu'ils renferment ?

A Péronne, l'hôpital que trois drapeaux de Genève signalaient à l'attention des Prussiens, furent pour ce refuge une cause de ruine au lieu d'en être le préservatif ; nous avons dit plus haut la réponse faite par ordre de Barnekow à ceux qui demandaient grâce pour cet asile d'êtres inoffensifs et sans défense. Madame de Crombrugghe se garde bien de consigner dans son livre cette cruauté de l'armée ennemie.

On a vu des Prussiens baisser les armes pour faire croire qu'ils se rendaient, afin de fusiller à bout portant — acte cruel, déloyal et lâche — ceux auxquels ils semblaient vouloir se soumettre.

Après ces crimes collectifs citons des actes personnels :

A Beaugency, le trop célèbre Frédéric-Charles encore, après un repas crapuleux laissa comme souvenir de son passage, à ses hôtes, MM. Lorin de Chaffin, une serviette damassée convertie en un chiffon immonde par l'usage auquel il l'avait employée.

Précédemment le même personnage, qui sans doute n'avait point alors de serviette sous la main, avait déposé dans la chambre d'un château où il venait de loger, des restes dégoûtants qui rappelaient intimement son séjour.

Voilà un prince prussien ! !

Quoi d'étonnant, quand l'exemple venait de haut, que ses soldats en aient fait trop souvent autant.

Nous renouvelons à Madame de Crombrugge le défi de citer une seule action semblable accomplie par les Français.

C. — Page 109.

Dépêche prussienne. — *Versailles, 25 Janvier 1871.*

« A midi le 23, est arrivée la lettre de M. Jules Favre, au comte de Bismarck, demandant la permission de venir à Versailles.

M. Bismarck répondit immédiatement lui-même, en Allemand, que M. Favre pouvait venir.

« La réponse de M. le chancelier arriva à M. Favre à 1 heure 10 minutes, avec la voiture du comte.

« M. Favre était à Versailles à 8 heures du soir. Vers 10 heures le comte demanda au roi la permission de parler à M. Favre.

« Sa Majesté fixa l'entretien à 11 heures dans la soirée du 23 janvier 1871 (Voir l'*Emancipateur de Cambrai*, mercredi 1er février).

— Ordre du jour. — *Amiens, 29 Janvier 1871.*

« Le comte de Moltke fait savoir sous la date du 23 courant, qu'il vient d'être signé une convention d'armistice dont l'effet commencera le 31 janvier à midi.

La cessation des hostilités devra être immédiatement accordée sur le pied du statu quo, si l'ennemi le demande.

VON GŒBEN.

(*Campagne de l'Armée du Nord,* par le général Faidherbe, — Note 0 à la fin.)

Cet armistice devait finir le 19 février à midi, comme l'annonçait une lettre de Versailles du 30 janvier.

Pendant sa durée, les avant-postes de l'armée du Nord ne devaient pas dépasser les villes ou villages de Hesdin, Nuncq, Avesnes-le-Comte, Baillenval, Ayette, Ervillers, Boursies, Marcoing, Masnières, Bertry, Landrecies, Avesnes, Glageon.

Les avant-postes allemands s'arrêtaient à Bernaville, Jalmer, Hérissart, Albert, Péronne, Roisel, Fontaine-Uterte, Iron, Etréaupont, Watignies.

TABLE

Cambrai. Imp. J. RENAUT, rue St-Martin, 18.

www.ingramcontent.com/pod-product-compliance
Ingram Content Group UK Ltd.
Pitfield, Milton Keynes, MK11 3LW, UK
UKHW021043200726
13857UKWH00003B/794